40代からのシックスパック

SIXPACK METHOD FOR MIDDLE AGE

岡田隆

はじめに

中年だからこそ「腹を割る」必要がある

働き盛りの40～50代。いわゆる出っ腹な、中年体型が頭に浮かびます。腹が出ていなかったとしても、日々の疲れが全身から滲み出ているような、覇気のない身体をしている人が非常に多い現代社会。

そこを、本書では「シックスパック」と呼ばれる「6つに割れた腹」に結びつけていくわけです。目指すは**中年だけど、いいカラダ。**組み合わせの妙が想像をかき立て、イメージするだけでもグッときます。

人はギャップに弱い生き物です。自分自身の魅力を高めるために、意外性としてシックスパックを狙うのも、もちろんいいでしょう。モチベーション維持にもつながります。

しかし、私が本当にお伝えしたい大切なことは、別にあります。中年だからこそ「腹を割る」

べき理由を、ここからお話ししていきましょう。

簡単に言うと**「いいカラダ」という「美しさ」は「健康体」にこそ宿る**、ということです。

皆さんご存じの通り、40代を迎えると厚生労働省が定めた特定健診の対象となります。特定健診とは、日本人の死亡原因の約6割を占める生活習慣病を予防するために、メタボリックシンドロームに着目して行う健診です。

生活習慣病には、高血圧や脂質異常症、糖尿病などがあります。いずれも自覚症状がほとんどないため、気づかないうちに進行し、脳や心臓、血管などにダメージを与えるため「サイレントキラー」などと呼ばれたりしています。

結果、何が起こるのかというと……ある日突然の心筋梗塞、脳卒中、狭心症などの発症。つまり、命に関わる恐ろしい疾患を引き起こす危険性が高くなるのです。

身体を変える第一歩は、意識の改革です。ここではまず、**自分は致死的な疾患にかかりやすい年代に突入している**ことを、改めて認識していただきたいと思います。それと同時に、簡単には死ねない、いや死んではならない世代でもあることを、強く意識していただきたいと思います。

身体をガラリと変える〝特効薬〟は「食事」

身体を変えよう。腹を割ろう。

そう決意したとき、皆さんは生活の何を変えるでしょうか。答えを待たずに話を進めると、多くの場合「運動」をプラスオンするように思います。

フィットネスジムに入会する人、早朝ウォーキングやランニングを始める人、車通勤から自転車通勤に変える人、朝と夜に腹筋100回をノルマ化する人。それぞれの暮らしに応じて、できることは変わるとは思いますが、想像するにこのような感じでしょうか。

生活習慣病を引き起こす大きな要因のひとつに、運動不足が挙げられます。ゆえに、**日々のなかに身体を動かす機会を組み込むこと**は、かなり素晴らしい努力と言える……のですが、残念ながら**最善の方法とは言えません**。

私は、4年前にボディビル競技を始めました。

野球のシーズンにオンとオフがあるように、ボディビルにもオンとオフがあります。オフと言うからには、トレーニングをお休みする期間だと思われる方もいますが、そうではありません。体調やケガなど、よっぽどの理由がない限りトレーニングを長く休むことはありません（理由があっても、休まないボディビルダーもいますが……）。

では、オンとオフとで何を切り替えているのか。実は、食事なのです。

オンは通称「減量期」と呼ばれます。食事の質と量を調整しながら、数ヶ月かけて体脂肪の除去を進め、出場大会に挑む準備を整える期間です。オンに入ったからといって、運動強度を高めることはしません。ここからわかることは、身体を変える一番のクスリは食事だということです。

しかも、食事をコントロールすることで起こる変化は、減量だけに留まりません。

身体から要らぬ脂肪がそぎ落とされていくと身体が軽くなり、全体的な調子もよくなって、日々の疲れを感じにくくなるのです。これは「減量期のほうが調子がいい」というビルダー共通の認識。減量を進める食生活は、そのまま「疲れにくい身体を作る食生活」でもあると考えていいでしょう。

楽しみは捨てない！「ちょうどいい制限」を探ろう

食事を変えれば、身体が変わる。

そう聞くと、よし今日から節制だ！　となりますよね。

流行りの糖質制限で、コメは食べずにおかずだけ。揚げ物厳禁、ラーメン封印。昼は仕事もあるし、ナシでもいいか。夜は自宅に直帰して適当に、刺身と漬け物とビール……はダメだな。いっそのこと、腹が割れるまで酒も禁止にしてしまえ！

気合いを入れるのは、いいことです。ストイックにすればするほど「やってる」感が強くなり、ますますやる気に火がつくことも、特に男性にはよく見られる傾向です。

が、ここでひとつ質問です。**その節制、いつまで続けられるでしょうか**。

例えば、1週間なら楽勝ですね。1ヶ月なら、まあまあ頑張れるかもしれません。では、3ヶ月なら？　半年なら？　どうでしょう。徐々に不安が押し寄せてきたでしょうか。

仮に、半年間の節制に成功したとします。節制を解除した瞬間の反動が、まったくないと言い切れますか。そして、そもそも半年間も飲みの誘いを断り続ける、もしくは飲みの場にいて酒を断り続けることが、本当にできるのでしょうか。

減量の邪魔になるものをすべてカットしてしまえば、当然効果は早く出ます。しかし、**欲を抑えて切り詰めれば切り詰めるほど、ゆがみが生じてくるもの**。要らぬストレスを新たに抱えて苦しむくらいならば、自分にとってもっと「ちょうどいい制限」を探ってはいかがでしょうか。

働き盛りの皆さんには、人とのお付き合いを大切にする責務もあると思います。毎日、必死に働いているのだから、時には自分の楽しみとしてお酒を嗜んだっていいじゃないですか。それは、決して妥協ではありません。**ちょっとしたコツを押さえれば、晩酌しながらでも腹は割れる**のです。

本書は、あなたの生活を大きく邪魔しないやり方で、それでも確実に身体を健康的に、そして美しく変えていくヒントを詰め込んだとっておきの一冊です。

ここから始めていただきたいことは「美しく」「いいカラダ」という「健康体」を、自らの意思でクリエイトしていくこと。わが国の〝明日〟を支える40、50代の皆さんが元気な人生を送ることで、日本という国に活気をもたらす――。

私はそのように思っているのです。

40代からのシックスパック［目次］

序章

シックスパックを諦めるな！

第1章 腹筋を目覚めさせよ！

第2章 厳選！ 腹筋覚醒トレーニング

第3章

簡単激ウマ！　6パックレシピ

第4章

40代からの「真のボディメイク」

始まりの格言

「いいカラダ」という
「美しさ」は
「健康体」にこそ宿る

序章

シックスパックを諦めるな！

身体を変える第一歩は、意識の改革にありだ。
バズーカ岡田の解説で、ボディメイクに対する無意識の
思い込みをひとつずつ捨てていこう。

晩酌しながらでも、腹を割れる！

世の中には、さまざまな「ながらボディメイク」が存在します。多いのは「テレビを見ながら」とか「通勤しながら」とか、トレーニング動作するときに使っている筋肉だけに意識を集中していなくてもできる、という類のものです。

今回、本書で提案していくのは「晩酌しながら」という、現状の生活スタイルを大きく変えなくてもできる「ながらボディメイク」です。いずれにせよ「ながら」ということは、ボディメイクだけに全神経を集中させているわけではないため、効果の損失は避けられません。

そう聞いて「それじゃ、ダメじゃないか」とお思いの方に、伺いします。あなたは**100点満点の効果が得られることしかやらないのでしょうか？　80～90点の効果では、やるに値しないと切り捨てますか――？**

働いていると、予想だにしないことが起こりますよね。皆さんもこれまで、さまざまな経験を積んできたと想像します。そのなかで理想とは違ったけれど、案件がスムーズに進むための最善策を選んだことで結果的に望む結果を得られた、という経験もあったのではないでしょうか。「晩酌しながら」ボディメイクをするというのは、要はそういうことなのです。

絶対に効くと思われるアプローチであっても、自分自身の性格や生活にフィットしないものは長く続けることができません。**続けられるものでなければ、身体を根本から変えることはできない**のです。

断れないお付き合いが多く酒を飲む機会がどうしても多い。単純に酒を飲むのが好きで、やめることがどうしてもできない。日々のストレス解消に酒が手放せない。それでもやっぱり身体を変えたい、健康になりたい、腹を割りたいと願うのならば、今できる「80点」「90点」の効果を積み重ね、少しずつでも望む結果を手に入れようではありませんか。

ただし、先にお伝えしておかなければいけないのは「ながら」をどれだけ続ければいいのかは、個人差があります。何を飲むのか、どれくらいの量を飲むのか、飲みながら何を食べるのか、どれほどの運動を生活のなかに組み込めるのか。体質もありますし、一概には言えないのです。

皆さんに共通してお伝えできることは2つ。飲むのはいいけれど、**ボディメイクにおいて飲酒は大きな負債である**ことに変わりはない、ということ。そして、その**負債が大きくなる前に「飲んだら早めにリセットする」ことを心がけましょう**、ということです。

「シックスパック」の仕組みを知れば、誰でも腹を割れる

時々、細身で腹筋がボコボコに割れている人を前にして「腹筋やべぇ！」「筋肉スゲー！」と騒ぎ立てる人がいます。声を大にして言いたい。それは大きな間違いです。

正しくは「ガリガリ具合がやべぇ！」「体脂肪なさすぎてスゲー！」です。

いわゆる「シックスパック」とは、誰の身体にも存在する「腹直筋」のかたちが見てとれる状態を指した言葉です。つまり、**腹直筋を覆い隠している皮下脂肪を落とせば、腹は割れる**のです。

毎日、**腹筋100回をしても腹が割れなかったのは、単に腹まわりの脂肪を落とせていなかったから**にすぎません。腹筋運動が本来の力を発揮するのは体脂肪を落としたのち、シックスパックの溝を深め、パックの凹凸をよりハッキリとさせていく段階なのです。

「腹筋はキッチンで作られる」とは、ボディビル界の生きる伝説アーノルド・シュワルツェネッガーの名言です。つまり、腹を割る＝体脂肪除去のカギは、食事にこそあるということです。

体脂肪を減らせば、腹は自然に割れる！

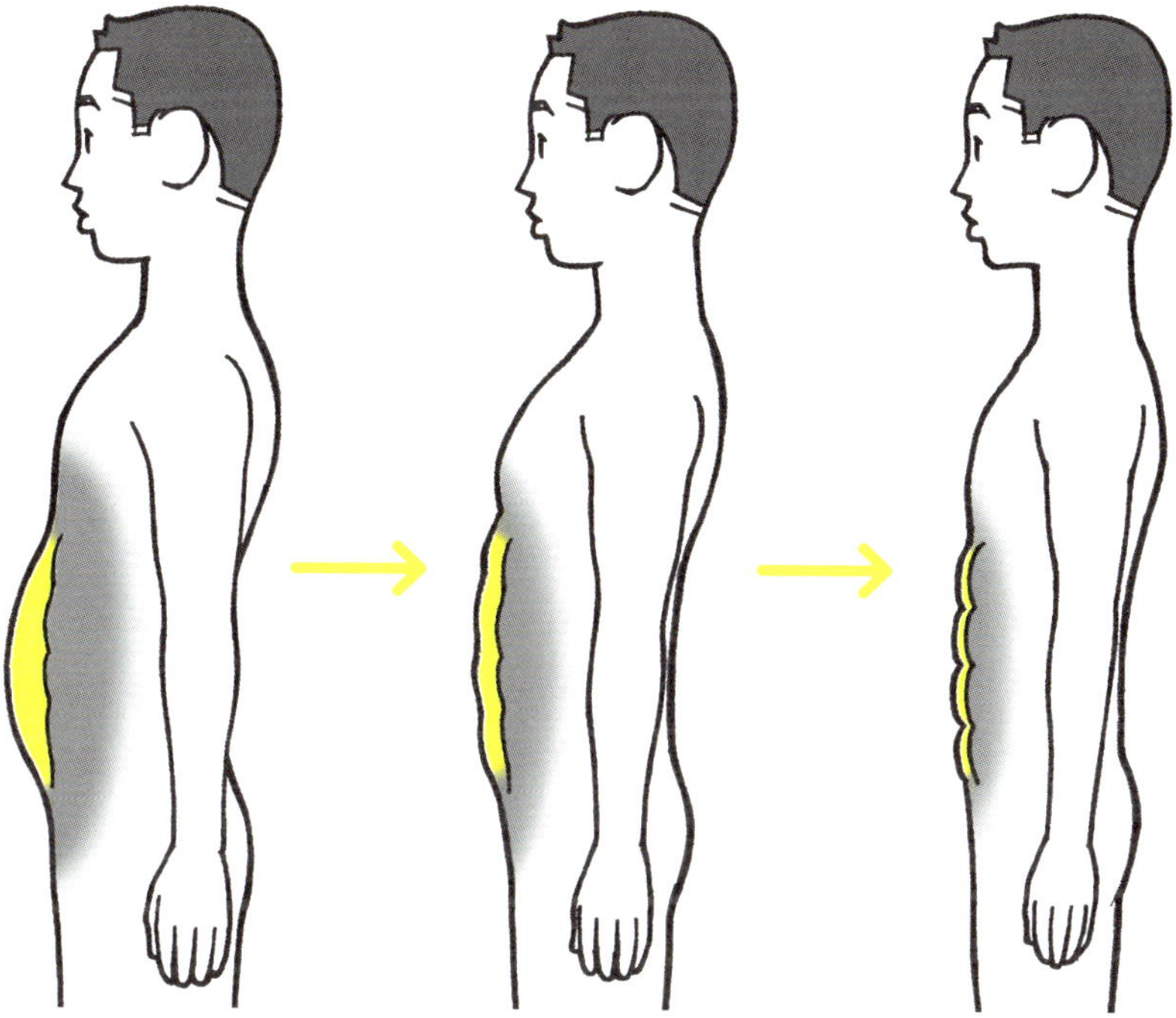

>>> 6つでなくても、割れていれば◎

割れた腹のことを「シックスパック」と呼びますが、脂肪を落としてみると、稀に「8つに割れた」「4つに割れた」ということも起こります。パック数や腹筋の幅、左右のバランスなどは生まれながらにして決まっています。残念ながら、そこは努力で変えることはできません。理想のかたちとは違ったとしても、腹は割れてさえいればカッコいい！　のです。

中年体型の代名詞「出っ腹」の実態

40代以降の男性の腹によく見られるのが、腹だけが前に張り出すような「出っ腹」です。触ってみるとパンパンに固いため、時折「こう見えて腹筋はすごいんだ」と、自慢気な人もいます。残念ながら、それも大きな勘違い。

腹筋が発達して前に張り出しているのではなく、腹部内で溜まりに溜まった内臓脂肪が、筋肉を下から押し出しているだけです。「だけ」とは言いましたが、見過ごしていいことではありません。**内臓脂肪を溜め込むほどに、生活習慣病の危険性が高まる**からです。

言ってしまえば、内臓脂肪があったとしても、皮下脂肪さえなければ腹は割れます。ただ、見た目の美しさだけでなく、健康面も考慮していきたい世代にとっては、内臓脂肪ほどに勝つべき相手はいません。幸い、これから本書で紹介していく除脂肪のアプローチを実践することで、皮下脂肪も内臓脂肪も同時に落ちていきます。その点、ご安心ください。

腹が張り出るのは、内臓脂肪のしわざだった

内臓脂肪が身体に及ぼす影響

※イメージ

TNF- α【増加】
インスリンを低下させ
血糖値を上げる

PAI-1【増加】
血栓（血液の塊）を作り
動脈硬化を促進する

アンジオテンシノーゲン【増加】
血圧を上げる

アディポネクチン【減少】
血圧や中性脂肪を下げる、
動脈硬化を防ぐ

レプチン【減少】
食欲を抑制する

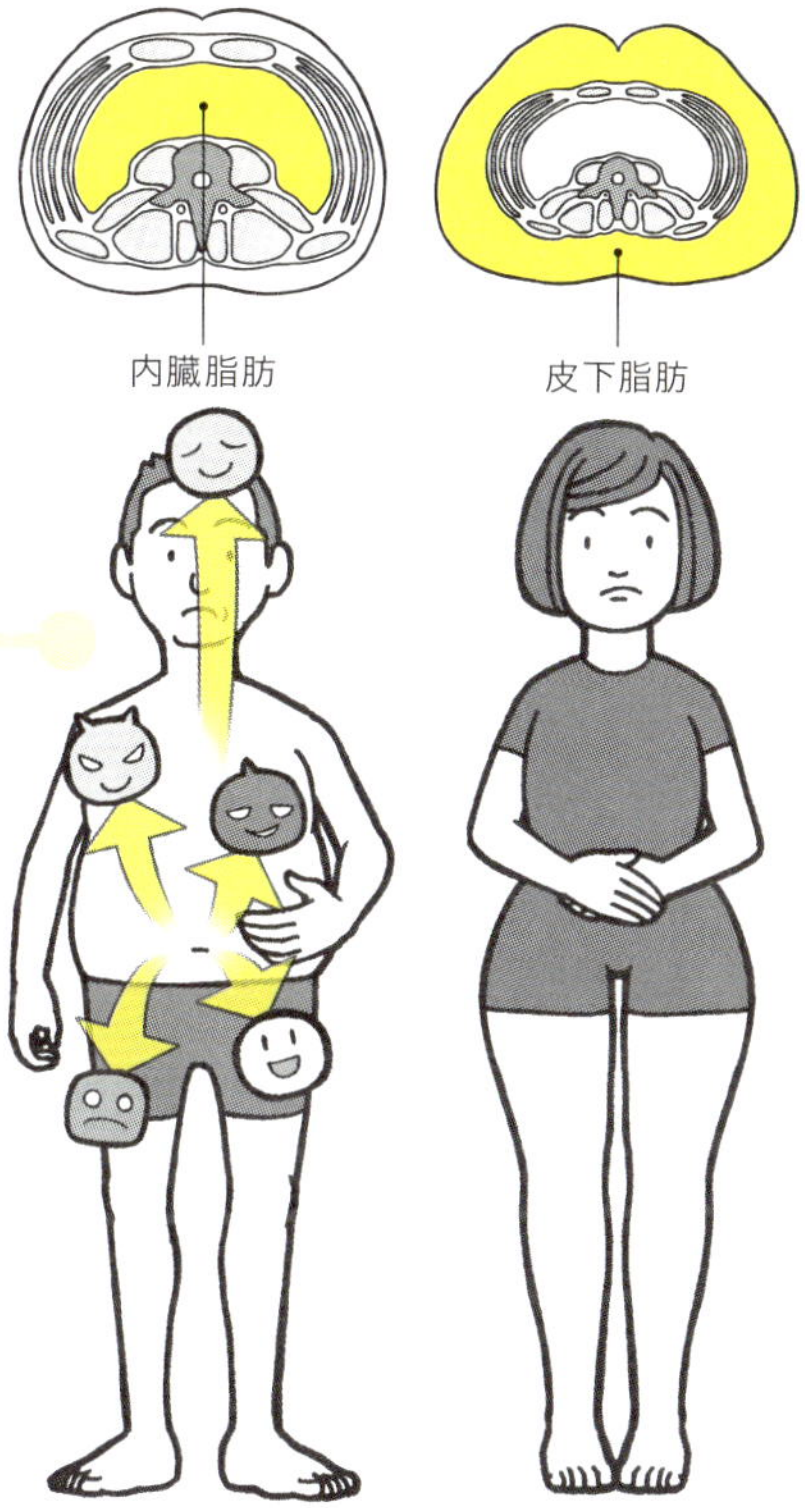

男性に多く見られる
【リンゴ型】

女性に多く見られる
【洋ナシ型】

女性と比較して、男性のほうが内臓脂肪が蓄積しやすい傾向にあります。内臓脂肪が溜まると、生活習慣病を招く生理活性物質が増加、反対に生活習慣病を防ぐ生理活性物質は減少します。生理活性物質は皮下脂肪からも分泌されますが、その量は内臓脂肪に比べて圧倒的に少ないのです。

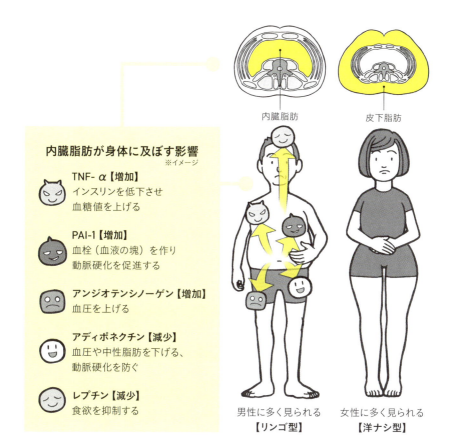

短期間で結果を出す！が、目的ではない

薄着の季節が近づくと、自然発生的にインターネットや雑誌、テレビなどあらゆるメディアでボディメイク術が紹介されるようになります。特に「腹を割る」系の支持率は高く、書籍でも「短期間で結果を出す」類のものが、毎年のように数多く出版されています。

ご多聞にもれず、私自身も過去、企画の監修や執筆を務めてきました。なかには数週間で変化をもたらすための、かなりハードなやり方を提案したこともあります。今回の「ながら」ボディメイクとの差が、激しすぎて自分でも驚きます。

ご理解いただきたいのは、身体づくりにはさまざまな方法があるということ。どちらが正しくて、どちらが間違っているということではありません。ここもやっぱり、自分自身の性格と生活にフィットしているかどうかで、効果の出方＝腹の割れ具合は変わってきます。

短期間で結果を出す場合、身体に変化を求めながらも、どちらかというと「気持ち」を変えて

いく意味合いが強いです。ツラくてキツくてサボりたくても、長い人生のうちたったの数週間だけだから、と自分自身を追い込んでいく。乗り越えた成功体験を、その後の生活に生かしていくという目的です。

メソッド自体は、先ほども書いたようにツラくてキツくてサボりたくなるような内容です。**長い期間、継続することは見込んでいません。**つまり、定めた期間を終えたあとは、得た知識を生かしながら、それなりのメンテナンスをしていく必要があるということ。提唱する際にも伝えていることですが、**一生いいカラダでいるための方法としては、はっきり言って不向き**です。

一方で、今回のように**「晩酌しながら」日々の食事内容に意識を向けつつ少しの運動をプラスしていくやり方は、じっくり取り組むことで「生活習慣」そのものを無理なく変える働きがあります。**派手なことはしませんし、結果を出すまで少々時間もかかります。

それでも**一生いいカラダでいるための方法としては、控えめに言っても最適**です。

理想を言うとすれば、短期決戦で身体に劇的な変化をもたらした上で「ながら」のテクニックを駆使していい状態を維持していくこと、でしょう。しかし、皆さんは力の抜き加減を熟知した大人です。がむしゃらに追い込まずとも、ちょっとの工夫を楽しみながら余裕をもって身体づくりに取り組む方法を選択するのも、大人ならではの特権だと思うのです。

腹を割るのに必要なのは「筋トレ」or「食事」？

そもそも「腹を割るのに必要なのは、筋トレよりも食事」という話をすでにしていますので、答えは言うまでもありませんね。実際、私も腹を割るという目的を達成するために筋トレと食事制限、どちらを選ぶか？　と聞かれたら、確実に食事制限と答えるでしょう。

「筋トレ」にも、身体を変える強い力はあります。それでも選ばないのは、**筋トレによる身体の変化スピードは、食事のコントロールによるものと、比べものにならないくらいスロー**だからです。ボディビル界では**「筋トレとは、ティッシュを1枚ずつ重ね続けるような行為」**とよく言われますが、筋肉を育てるのにかかる労力の大きさが、なんとなくでも伝わるでしょうか。

1週間、鍛えても身体は変わりません。ダメにはならないけれど、大きく成長するわけでもない。その代わり1週間、きっちり調整していけば、それだけで体型は少しスッキリとします。逆もまた然りで、不摂生を続けようものなら、たった1週間で激太りもできてしまうのです。

体脂肪の変化スピードの速さを、味方につけよ！

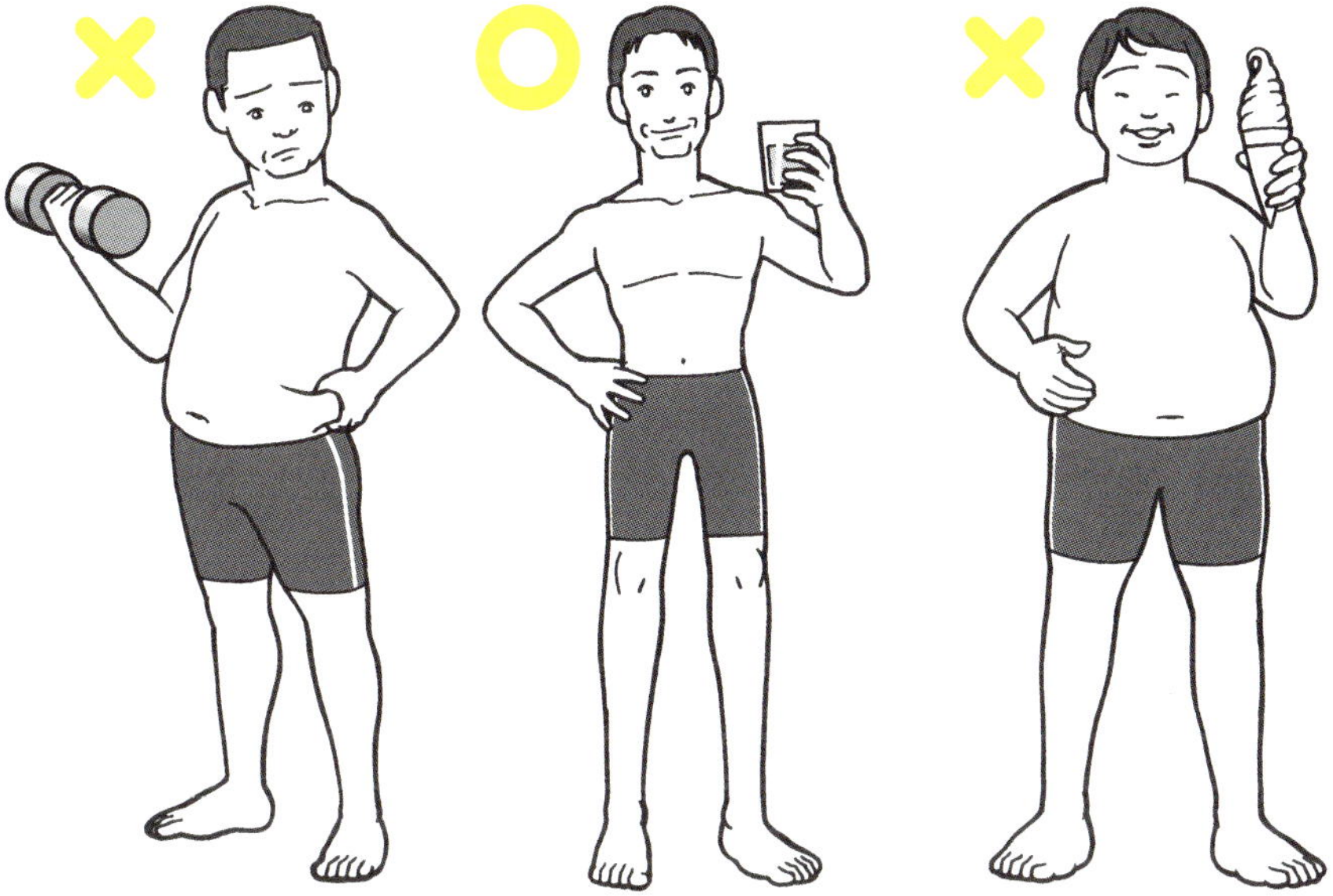

1週間、毎日トレーニングし続けても、身体は大して変わらない

1週間、毎日きっちり調整すれば、体型がちょっとスッキリする

1週間、毎日不摂生を続けたら、あっという間に身体は変わる

BAZOOKA CHECK >>> 筋トレの落とし穴は「食欲」

運動習慣がない人は、筋トレをするだけでも身体は変わります。ただし、運動すると食欲が増すため、欲に打ち克ち現状の食事量や内容を維持することができれば、という条件付きの話となります。つまりは、ボディメイク初心者は今の生活に筋トレをプラスするだけでも変わるけれど、変わる速度は食事を変えるほうがやはり早い、ということです。

「食事制限」に対する大きな誤解

言葉のなかに「制限」というワードがバッチリ入っているからなのでしょう。「食事を制限しましょう」と言うと、なんでもかんでも摂らなければいい、と解釈されがちです。

例えば、「糖質（炭水化物）制限」ダイエット。これも、言葉をそのまま受け取ったのか、炭水化物をまるっきり摂らない、野菜に含まれる糖質までも徹底的に排除する、といった極端なアプローチを実践する人が多いのが実態です。

それこそ短期集中で取り組むのならば、ストイックに追い込むのもアリかもしれません（リバウンドを恐れなければ）。しかし、**やりすぎは結果的に自分を苦しめます。**

お伝えしている通り、今回は長く続けていくことで、身体だけでなく生活習慣までもを比較的ラクに変えていくための一生モノのボディメイクがテーマです。何かひとつの食べ物や栄養素をワルモノに仕立て上げるのではなく、以下の3点に留意して取り組んでいくようにしましょう。

1日のなかでバランスを保つ

減量の原則は【摂取カロリー＜消費カロリー】です。体重や年齢や身体活動レベルなどを打ち込むと、消費カロリー予測を出してくれるサイトもあります。あくまで推定値ではありますが、目安とした上で、1日のなかで栄養を考慮しながら摂取量を調整していきましょう。

摂取のタイミングを考える

デスクワーク時や睡眠前に、筋肉が動くエネルギーとなったり脳の活性化を助けたりする糖質を摂ると、消費し切る前に体脂肪として蓄積されてしまいます。食べるなら朝や運動前などタイミングを考えましょう。

炭水化物の質を選んで摂る

炭水化物を摂ると血糖値が上昇。そのスピードがあまりに速いと、体脂肪を蓄積しようとするインスリンが大量に分泌されてしまいます。その結果、血糖値が急降下するため、人は空腹を感じやすくなります。ゆえに減量時には制限の必要性を感じるわけですが、その場合、食物繊維を多く含み、血糖値の上昇を緩やかにする低ＧＩカーボ*を選ぶことで問題は解決します。

ＧＩ：グリセミック指数。「低ＧＩカーボ」とは、血糖値が上昇しにくく太りにくい炭水化物のこと。

タンパク質摂取をすすめる一番の理由

前項でも触れましたが、減量の原則は【摂取カロリー＜消費カロリー】です。最近、自分が太り続けている実感があれば【摂取カロリー＞消費カロリー】の状態にあるということ。そして、現状維持の状態が続いている実感があれば【摂取カロリー≧消費カロリー】にあります。

いずれにせよ、**現状を打破し減量を進めてシックスパックに近づくためには摂取カロリーを減らす**必要がありそうです。ただ、ここに落とし穴。むやみに食べる量を減らして摂取カロリーを落とそうとすればするほど、どんどん苦しくなり、その結果、続きません。

カロリーダウンを試みる場合は、必ず栄養面から食事の質を再考していくこと。自分が「何から」カロリーを摂取しているのかを整理するのが鉄則です。

私たちが**毎日の食事（晩酌のつまみも含む）で摂取しておくべき栄養素は、人間の身体のエネルギー源となる「タンパク質」「脂質」「炭水化物」の3大栄養素**です。最低限、この3つを摂っていれば、身体は動き、筋肉は育ち、必要量の脂肪も確保できます。

このなかで**最も太りにくいエネルギー源が、タンパク質**です。摂取したタンパク質は身体の原材料（筋肉や内臓、骨、皮膚、髪、爪など）となり、消費される傾向を強くもっているからです。また、食後の体熱産生も多く、その分、体内にとどまるカロリーが少なくなります。

ほか2つはどうでしょうか。タンパク質とは反対に、体内に蓄積される傾向を強くもつのが脂質です。同じ1グラムあたりのカロリーを見ても、タンパク質と炭水化物の4キロカロリーに対し、脂質は9キロカロリーで、2倍以上です。運動時のエネルギー源としても放出されにくいことがわかっています。

炭水化物は運動時のエネルギー源にはなりますが、身体の直接的な原材料にはならない上に不適切なタイミングで摂取した場合、体脂肪として蓄積されます。

といった理由から、**食事における第一優先はタンパク質**となります。カロリーダウンをする前には、比率的にタンパク質からの摂取を増やしていくように、1日の栄養バランスの調整を試みるのがいいでしょう。結果、脂質も減るのでカロリーダウンも叶います。

なお、5大栄養素になったときに追加ラインナップされる「ビタミン」や「ミネラル」も、身体を整えるために欠かせないものではあります。が、直接的に身体を太らせたり痩せさせたりするものではないので、考える際の優先順位は下がります。

筋肉＝タンパク質、ではない！

摂取したタンパク質は身体の原材料として使われます。「身体」とひとくくりにしていますが、なかには筋肉も含まれます。ここで起こりやすいのが「筋肉＝タンパク質」という短絡的な思い込み。少々細かな説明となりますが、知っておいて損はありません。ぜひご一読ください。

筋肉は「筋繊維」と呼ばれる筋肉細胞が束になってできています。筋繊維の数が多ければ多いほど、筋肉は太くなるわけですが、この数は遺伝によるもので筋トレをしたところで増えないとされています。それでも筋トレをすると筋肉が成長するのは、筋繊維自体が太くなるからです。

筋繊維は、その他の細胞と同様、細胞膜に囲まれています。細胞膜とは、脂質二重層という脂質です。ですから、**筋肉＝タンパク質というのは大きな間違い。筋肉の主な原材料として、タンパク質がある**、そして脂質も筋肉の発達に欠かせない栄養素である、というのが正しい解釈です。

細胞膜に囲まれた内側には、細胞質があります。そのなかには筋タンパク質（アクチン・ミオシンなど）と、それらを生み出す核がいくつも存在します。筋繊維（筋細胞）中のタンパク質量が増えれば、筋繊維は太くなる。つまり、筋肉を成長させるためには、筋トレを通して核による筋タンパク質合成を促すこと、そして筋タンパク質合成の中枢である核も増やすことが必要になります。

ただし、筋肉がひたすらに太くなり続けてしまうと、身体の構成上、問題が生じますよね。そのため、ひとつの細胞核には保有できる筋タンパク質の量に限度があります。そのため、核を増やしてさらに太くしていくわけですが、むだに大きな組織は生物にとって負担でしかないので、淘汰されていきます。

まさに、**筋肉とは穴の空いたバケツのようなもの。そこに「筋トレ」という水を穴からこぼれ出る以上の量でもって、毎日毎日入れ続けることで初めて、太く大きく成長していくのです。**

「太く大きく」といえど、1回のトレーニング効果は細胞レベルの変化にすぎません。年間を通して望める見た目のサイズアップは、すごく大きいというわけではありません（個人差あり）。それでも、身体を変えるためには細胞レベルの変化を積み重ねるしかない。ほかには道はないのです。だからこそ、ボディビルダーはオンもオフも関係なく、**今日もティッシュ1枚を重ねるためにトレーニングし続けている**わけです。

筋トレ知識も間違いだらけ!?

腹筋運動だけではシックスパックは手に入りませんが、腹まわりの筋肉を発達させ、より美しく強い腹筋を作るためには、有効な手段です。しかしながら、多くの人が「回数をたくさんこなせばいい」と思い込んでます。実際は30回で限界を迎えても、100回で限界を迎えても、10回で限界を迎えたときと成長度合いは変わらない。むしろ**10回程度で限界を迎えるようなトレーニングのほうが、部位によらず効率よく筋肉を成長させていくことができる**、と言われています。

100回目標で限界まで追い込むのは、かなり難しいことです。「100」という大きな数字に到達したことに気持ちが満足してしまい、腹部をギリギリまで追い込んでいなかったとしても、やめてしまうということが往々にしてあるのです。

でも、10回目標だとそうはなりません。10回で燃え尽きるか、あるいは11回にチャレンジしてギリギリ成功しました、という人が続出します。**100回に挑戦して、101回目にチャレン**

ジする人はほぼいません。ここに、限界まで出しきれていないという「甘さ」が残ります。それこそが、回数をたくさんこなせばいいと思っている人たちの落とし穴なのです。

のちに紹介するトレーニングは、自宅でできるよう自体重を使うものがベースですが、本来は負荷をかけて、回数を減らして行うウェートトレーニングの導入を推奨しています。すると今度は「負荷をかけると、必要以上に鍛えられてしまう」と、寝ぼけたことをいう人が現れます。

先ほどの「ティッシュ1枚」の話を思い出してください。**負荷をかけただけで、すぐムキムキになるわけがない**のです。この誤解は、真っ先に捨てましょう。継続したのち、自分が求める身体になったところでやめればいいだけの話です。

ならば、10回で限界を迎える負荷をかけて腹筋運動をすればいいのか。というと、そういうわけでもありません。トレーニングはそんなに単純な話ではないのです。

中級者向けなので、簡単に説明します。高重量低回数（10回程度）のトレーニングでは筋肉内で力をだすタンパク質が増え、低重量高回数（10回以上）のトレーニングでは筋肉内で持久的にエネルギーを供給していくタンパク質が増える可能性があります。各パターンで筋肉内部で異なる部分の成長が望めるわけで、最終的には両方やったほうがいいというわけです。**しのごの言わずにいろいろやりましょう！**ということですね。

本書の使い方

本書は、飲酒という大人の楽しみを捨てることなく、健康で美しい
いいカラダを目指す一冊です。全体が3部構成になっているので、
目的に応じた使い分けをしていただきたいと思います。

酒を飲んでも腹を割れる「仕組み」を知りたい

>>> 「はじめに」から「序章」へ

運動不足が続いて、いきなりトレーニングは無理！

>>> 「第１章」P40 からのアイドルワークへ

実際に腹筋を鍛えるトレーニング方法を知りたい

>>> 「第２章」P50 からの腹筋覚醒トレーニングへ

まずは昨日の晩酌をリセットしなければ！

>>> 「第２章」P58 からの腹割リセット術へ

簡単で美味しくて太りにくい「晩酌レシピ」を知りたい

>>> 「第３章」へ

腹まわり以外も鍛えてみたい！

>>> 「第４章」へ

第1章

腹筋を目覚めさせよ！

コツを抑えた事前準備と、
明確な目的のもと行う3つの腹筋運動で
眠っている腹筋を呼び覚まそう。

自分の身体を知ろう――タイプ別診断

食事を調整するより先に、するべきこと。それは、自分の身体を知ることです。自分の身体を知ると、これまで無頓着だった自分自身に敏感になるスイッチが入るからです。

「40代以降」「働き盛り」といった言葉で皆さんを括ることはできても、身体の実態は人それぞれです。ボディメイクもビジネス同様、戦略がモノを言う世界です。これから先、何を軸として身体をシフトチェンジしていったらいいのか。現状把握から始めましょう。

パンパン「内臓脂肪」型

□ 腹まわりを中心に脂肪がついている

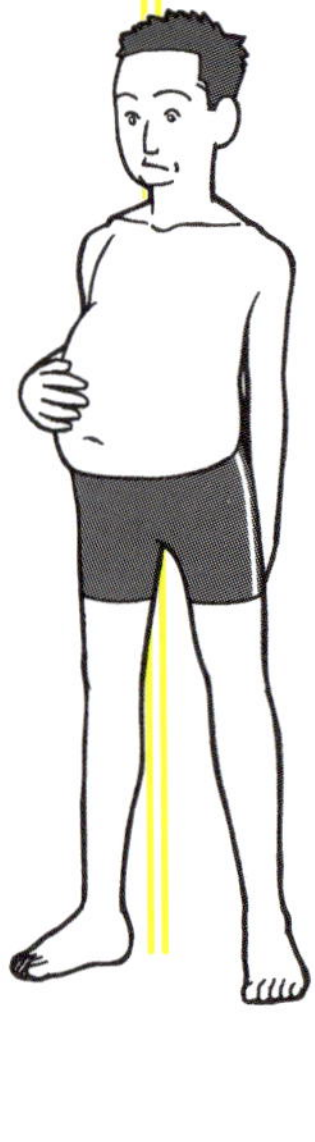

- □ **腹以外は、比較的細身**
- □ **周囲から「ビール腹」と言われる**

腹だけが前に張り出した中年体型。またの名を「最終形態」。思わず腹太鼓にしたくなる、パツパツの腹が特徴です。内蔵脂肪は落ちにくいと言われますが、食事と運動のどちらも続けていけば、少しずつでも確実に身体は変わります。手脚に筋肉が付くと、バランスも整います。

パンパン「内臓脂肪」予備軍

- □ **腹まわりを中心に脂肪がつき始めている**
- □ **衣服を脱がなければ、細身に見える**
- □ **腹以外は、比較的細身**

比較的、若い世代にみられます。腹はポコッと出ている程度、スーツを着ていれば一見、スマートに見える。でも安心するなかれ。皆さんは今、内臓脂肪の成長過程にいます。このままの生活を続けると「最終形態」入りは確実。焦る必要はないけれど、今のうちにコツコツ努力を積み重ねることが大切でしょう。手脚に筋肉が付くと、バランスも整います。

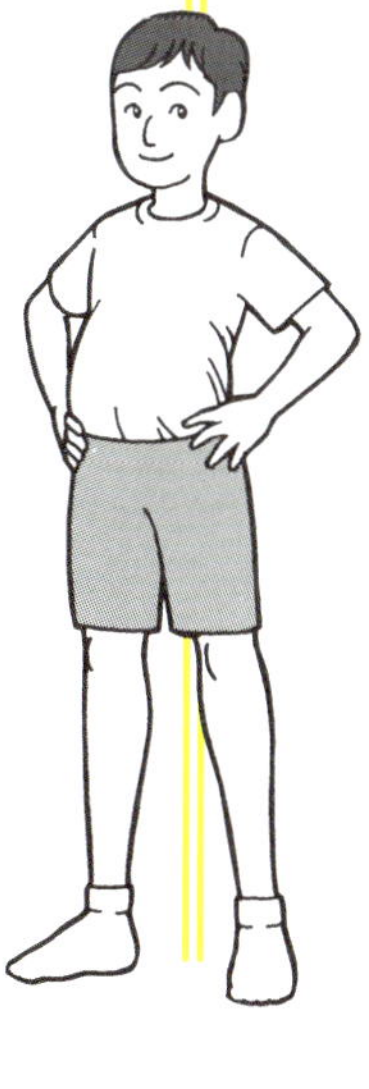

ぽっちゃり「皮下脂肪」型

☐ 全身がタプタプしている
☐ なかでも腹が一番大きい
☐ 出た腹にハリがない

腹だけでなく、全身まんべんなく脂肪が乗ったぽっちゃり体型は、皮膚と筋肉との間に入り込む脂肪＝皮下脂肪が多いタイプです。腹から下に脂肪が乗りやすく、どちらかというと女性に多くみられる体型ですが、男性にも時々みられます。これも最終形態のひとつ。食事と運動で、とにかく脂肪をそぎ落としていくところから始めましょう。

痩せ気味「ハードゲイナー」型

☐ 腹に脂肪がない
☐ 脂肪がないのに腹が割れていない

□ **全体的に痩せ気味（細身）**

食べても太らない、太りたくても太れないタイプを、筋肉界では「ハードゲイナー」と呼びます。身体の線が細く、トレーニングを続けても思うように筋肉が付きにくいため、挫折しがち。しかし、付かない筋肉はありません。何よりあきらめないことが、いいカラダへの近道です。食事は除脂肪よりもエネルギー確保を心がけましょう。摂取カロリーが消費カロリーを下回らないことが原則です。

隠れ肥満のキケンもアリ？「普通体型」

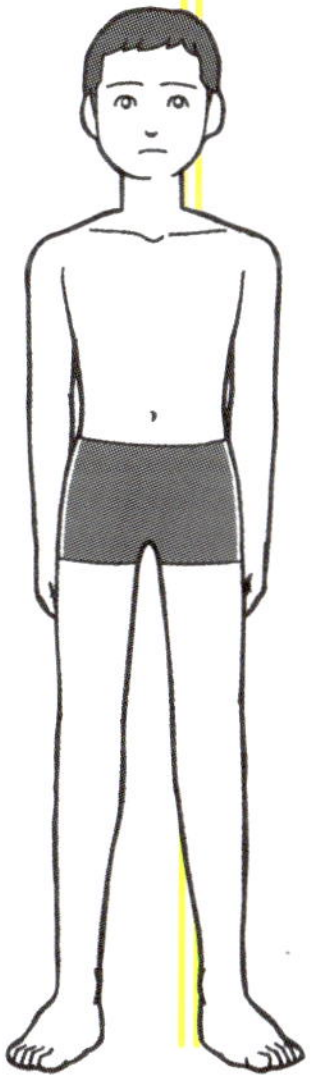

□ **太っても痩せてもいない**

□ **腹は割れていない**

□ **全体的にメリハリがない**

普通体型の人は、メソッド通りに食事内容を見直して除脂肪を進めると同時に、トレーニングに精を出していきましょう。腹を割った先には、全身のノッペリ感にも目を向けて。全身を筋肉によってひとまわり大きく、カッコよくボディメイクしていきましょう。

効果を出すには、事前準備にコツがある

ここからは、食事に続くもうひとつの身体改善アプローチ「眠れる腹筋」を目覚めさせるためのエクササイズに、話の主軸を移していきます。エクササイズと言っても、藪から棒に筋トレを始めるわけではありません。

現状、運動習慣がほとんどない皆さんが、**ある日思い立ったように筋トレを始めたところで、それがどんなにいい種目だったとしても、狙った効果は得られません。**

なぜ効果が得られないのか。運動不足などにより、身体の動きを実現する関節まわりの筋肉が凝り固まったままでは、関節可動域が限定され正しく動作することができないからです。可動域を取り戻さないまま無理に動かすと痛みも生じますし、ケガの危険も伴います。

ターゲットである腹は、特に体脂肪が集まりやすい部位です。腹に脂肪が溜まっているというのは、コルセットを巻いているようなものであり、実は筋肉が固まることで可動域が狭くなって

いるほかのパーツ以上に動きが制限されているのです。

まず取り組むのは、可動域を取り戻すアプローチ。狙うのは大きく分けて3つで、具体的には「背骨全体」、「胸郭」、「腰椎と骨盤」です。何をするのかというと、動きを止めて筋肉をじっくり伸ばす静的ストレッチと、動きのなかで筋肉をダイナミックに伸ばしていく動的ストレッチとを組み合わせた動きです。全身を大きくゆっくり動かしていきましょう。

目指しているのは腹筋の目覚めではありますが、ここではあらゆる筋肉にまんべんなく呼びかけていくようなイメージで行っていくといいでしょう。**作りたいのはいつでもエンジンをかけて走り出せるような、アイドリングの状態**なのです。

なお、可動域が狭まっているということは、日常生活でその部位をほぼ使っていないということ。**脂肪は使わない場所に溜まります。可動域を取り戻すことは、体脂肪除去にも繋がっているのです。**実際、腹まわりの脂肪は、体幹部を動かすことでも落ちやすくなります。食事と並行してアイドルワークを行うだけで、身体は確実に変わり始めます。

難しいことや激しいことはいたしません。それでも、各筋肉に力が入っていく感覚をつかみやすい種目を用意しています。運動初心者の方は、実践を通して筋肉を使って動作する感覚や使っている筋肉を意識する感覚を養っていけると、いいですね。

アイドルワーク

#1

シャクトリ・ムーブ

身体を「反る」動きと「曲げる」動きを
ゆっくり交互に繰り返し、背骨全体と腹をほぐす

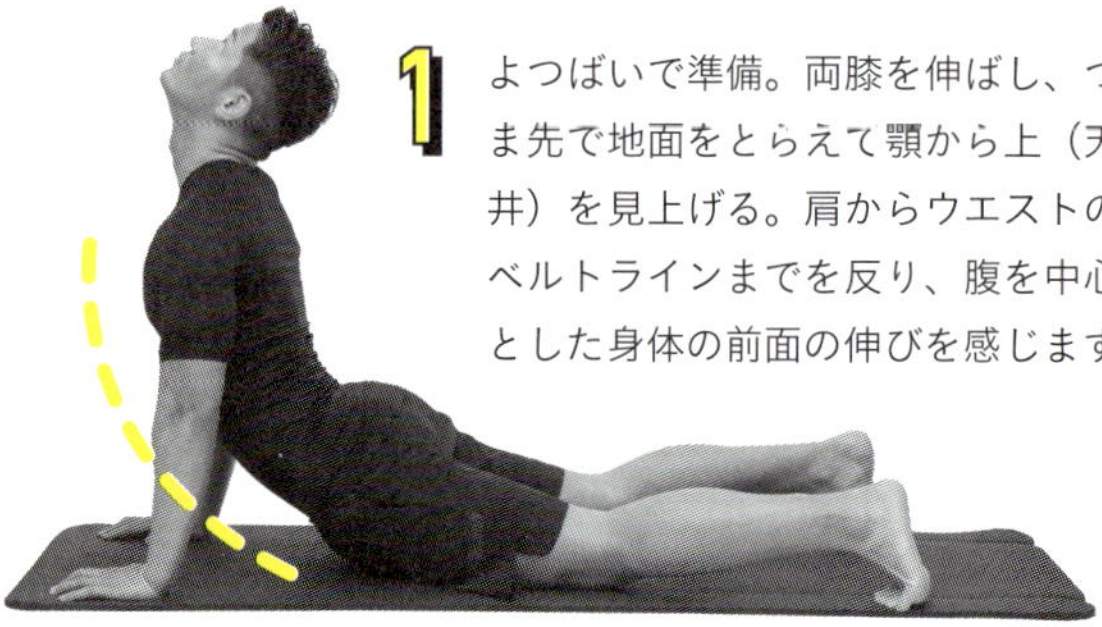

1 よつばいで準備。両膝を伸ばし、つま先で地面をとらえて顎から上（天井）を見上げる。肩からウエストのベルトラインまでを反り、腹を中心とした身体の前面の伸びを感じます。

注意！

見上げたときに首の後ろにつまりなど違和感がある場合は、視線をやや下げて斜め上を見ます。無理のない範囲で行ってください。

2 両手とつま先で地面をグッと押し、尻を高く突き上げる。腰を丸めて、ヘソを天井に近づけるようにして、かかとも持ち上げる。背中を中心とした身体の背面の伸びを感じます。

2つの動作を
ゆっくり交互に5～10回

BAZOOKA CHECK ›››

どうしても、動き始めは全身の固さを感じると思います。多少、動きが小さくなっても構いません。5～10回繰り返すなかで徐々にほぐしていき、理想型に近づけていきましょう。

アイドルワーク

#2

ムカデ・ムーブ

身体を「側屈」する動きで、脇肉を潰すとともに背骨全体がもつ 3 次元的な動きのひとつを取り戻す

1 立位で準備。肩くらいの高さで肘を曲げ、軽く拳を握る。上体を横に倒すと同時に同一方向の膝を持ち上げ、肘と膝とをくっつける。

2 反対側も同様に。

左右交互に 5～10 回

注意!

正しい姿勢（頭頂からかかとまでが同一ライン上にある状態）をキープしたまま、平面上で側屈動作を行いましょう。側屈方向に首を倒したり顔を向けたり、また上体が前傾するのも NG です。

アイドルワーク

#3

アームワイパー

上半身を中心とした「ひねる」動作で、
胸郭（体幹上部）の可動域を取り戻す

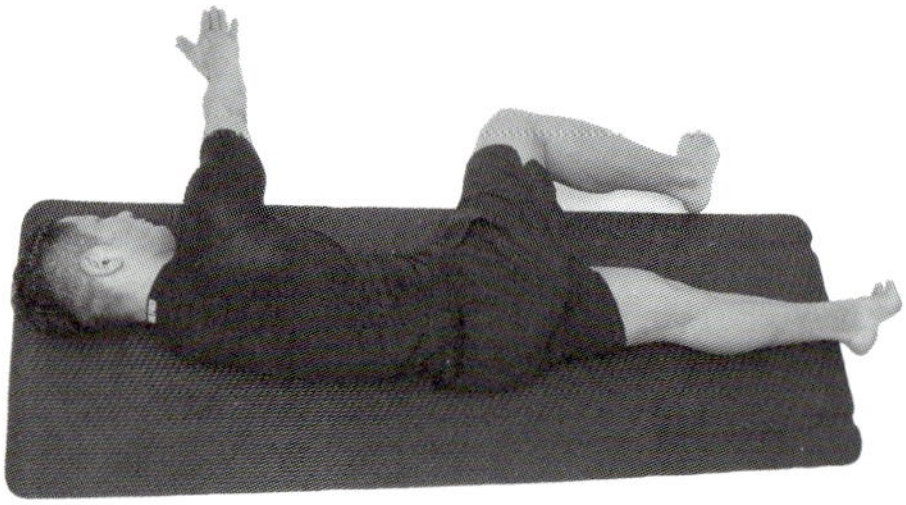

1 横寝で準備。肩のラインで両手を合わせ、上の脚の膝を曲げる。

2 腰から下は動かず、合わせた上の手で頭の上に大きな弧を描く。目線は手を追う。

3 開き切ったら、同じ軌道で元に戻る。繰り返したら、反対側も同様に。

左右それぞれ往復3回

アイドルワーク

#4

レッグワイパー

下半身を中心とした「ひねる」動作で、腰椎と骨盤（体幹下部）の可動域を取り戻す。腰痛対策にも効果的

1 あお向けで準備。両手は肩のラインに伸ばし（手のひら上）、腰からひねり片脚をサイドに出す。

2 腰から上は動かさず、サイドに出した脚で床の上に大きな弧を描く。目線は天井。

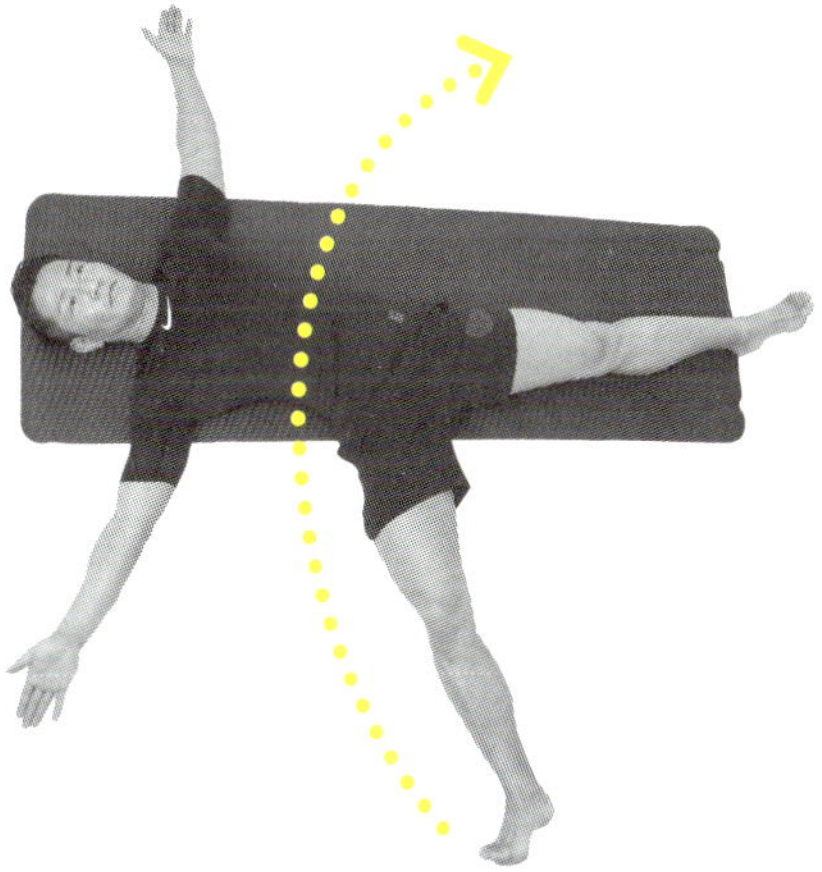

3 開き切ったら、同じ軌道で元に戻る。繰り返したら、反対側も同様に。

左右それぞれ往復3回

シックスパック、引き寄せの5法則

アイドルワークも把握して、準備はバッチリ！　といったところでしょうか。では、いよいよトレーニング編の本丸・腹筋トレーニングの実践に移っていく、わけですが……。

「おいバズーカ、まだ何かあるのかよ」とお思いですね。もうひとつだけですので、お付き合いください。トレーニングを実践する前に、お伝えしておきたい「シックスパックを引き寄せる5つの法則」についてお話ししておきたいと思います。

【法則1】取り戻した可動域を生かす

アイドルワークに時間を割いて、せっかく取り戻した自分の可動域。トレーニング動作にも、たっぷり生かしていきましょう。

このあと、実際の腹筋を強化するための運動として「ロールアップ」と「シットアップ」を掛け合わせたトレーニングを行っていきます。のちのフォーム解説ページでも触れますが、身体を起こすときは**背骨のしなりを使って、背中をしっかり丸め込んで**いきましょう。

【法則2】筋肉のポンプ作用で循環を促す

ポンプ作用というのは、筋肉が収縮・弛緩することで血液やリンパの流れを促進する働きのことです。トレーニング動作中、腹筋を強く収縮・弛緩させ血液・リンパのめぐりを改善していきましょう。**腹部の循環を良くすることは、体脂肪除去を後押ししてくれます。**

「腹筋を強く収縮・弛緩させ」というのは、具体的には「ギュッギュッ」と腹筋をリズミカルかつ強く縮めては伸ばしていく、ということです。

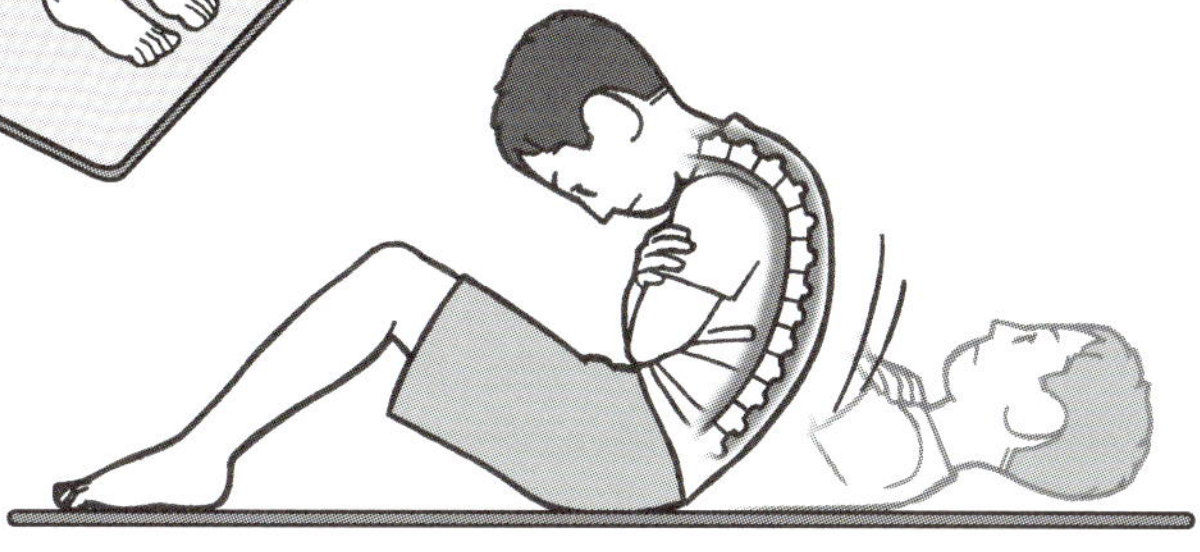

【法則3】アウターを引き立てるのはインナーと知る

男にとって大切なのは見た目ではなく中身、という話ではありません（方向性は似ています）。いわゆるシックスパックを作り出すのは「腹直筋」という表層部にある筋肉＝アウターマッスルです。しかし、腹部に存在するのは腹直筋だけではありません。両脇腹には「内・外腹斜筋」があり、腹直筋の下には深層部で腹を帯やコルセットのように覆っている「腹横筋」というインナーマッスルが存在します。

腹部は体幹で唯一、骨に守られていません。代わりに筋肉が内臓を守り、安定させているのです。なかでも責務を果たしているのが、腹横筋と腹斜筋。これらは姿勢保持にも働き

腹筋の構造

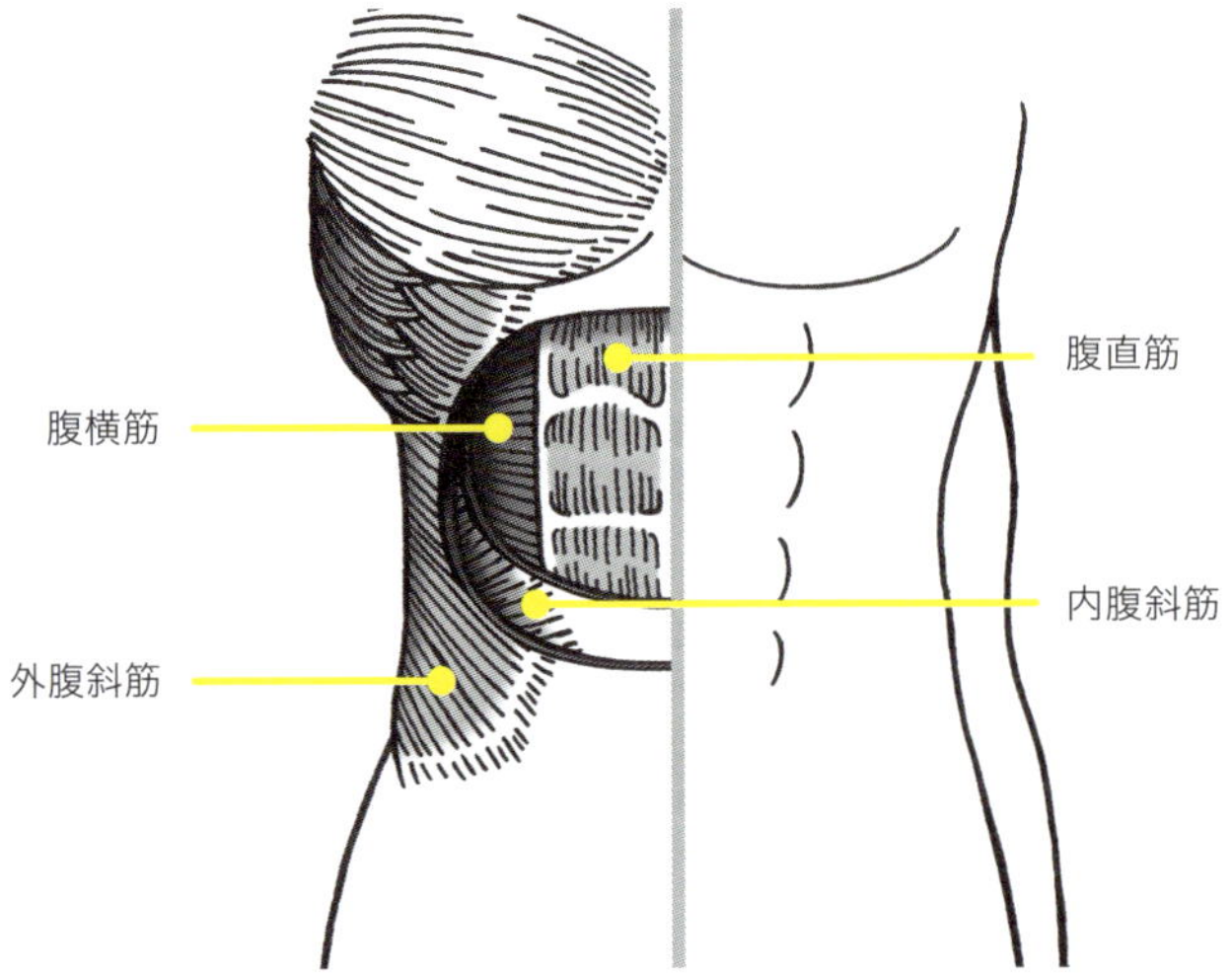

ますし、特に身体を安定させて動作する際にも腹圧を高めるなどして働いています。

機能性からボディメイクに視点を変えると、引き締まった細いウエストを作るのがインナーマッスルです。今回はウエストというよりシックスパックの実現が目標ではありますが、**せっかく努力をしてシックスパックを手に入れても、ぶっといウエストでは美しさも台無しです。深層部を含めて全方位的にきっちり仕上げていきましょう。**インナーを鍛えるテクニックは呼吸動作。詳しくは、のちほど。

【法則4】晩酌以外の「ながら」も導入

循環を促す作業とインナーの強化は、身体に対するダメージが少ないので毎日、何度でもやって問題ありません。

それこそ電車に乗りながら、テレビを見ながら、本を読みながら、気付いたときに「ながら」を取り入れることで腹筋強化を習慣化していきましょう。この習慣こそが、腹まわりに美しさを定着させてくれるのです。

【法則5】脳内イメージを活性化させ、身体と繋げていく

筋肉は脳からの指令を受けて、動いています。その仕組みを利用して、より効率的に腹筋を強化していくのです。そのためには（アイドルワークを紹介したときにも書きましたが）まず、筋肉を使って動作している感覚や、使っている筋肉を意識する感覚を養う必要があります。

簡単なのは、**トレーニングのあと「どこに一番、疲れを感じているか」を探すこと。**腹まわりが最も疲れていれば、きちんと腹筋に効かせる動作ができたという証拠にもなります。繰り返すうちに、動作中も狙ったパーツに効かせようという意識が芽生え、実際に、使っているか感じ取れるようになり、次第に習慣化されていきます。これといったトレーニング動作をしなくても、効かせられたら、もう最強です。

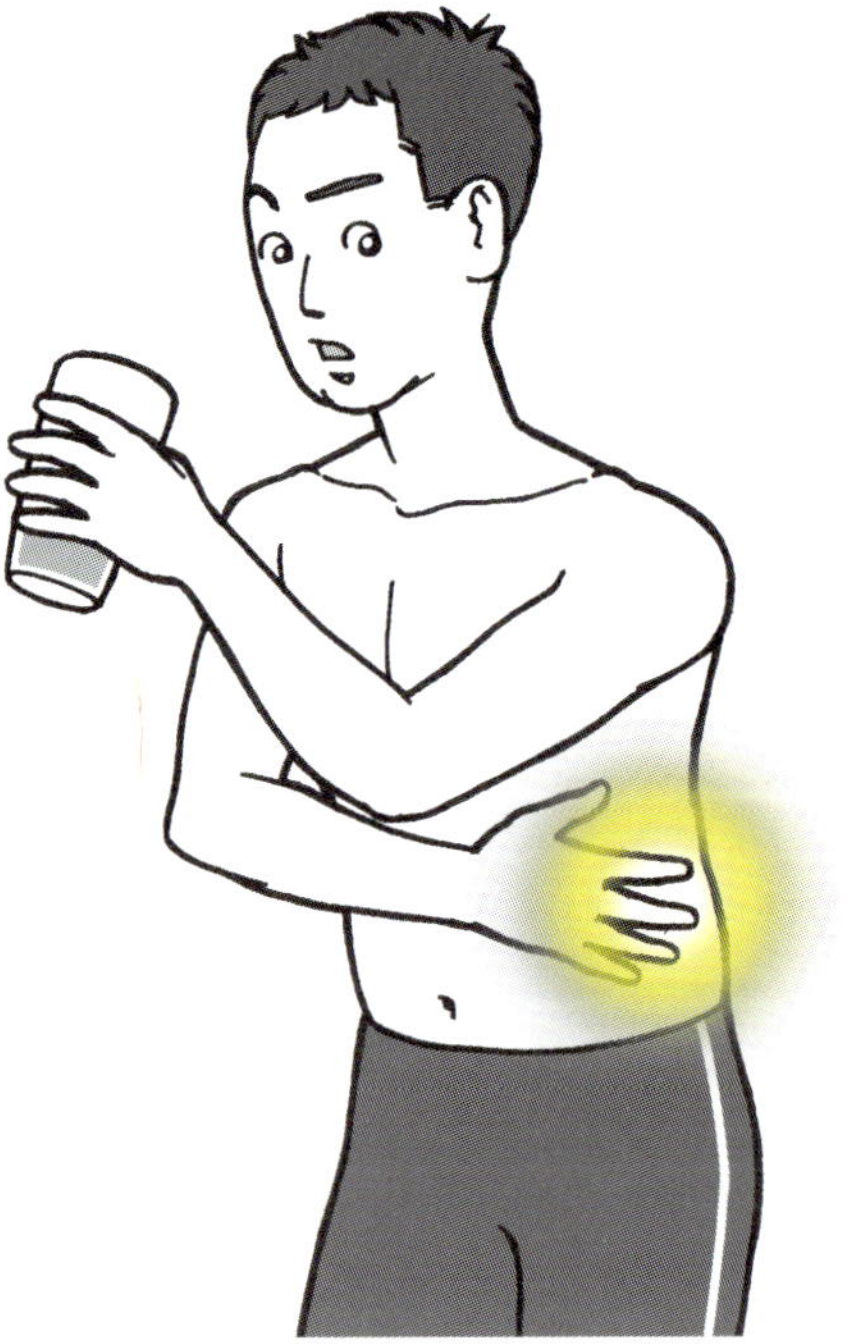

第2章

厳選！ 腹筋覚醒トレーニング

種目の数は、たったの3つ──。
奇をてらわぬシンプルな動きでも
しっかり効かせば、腹は強くなる。

腹筋覚醒トレーニング

#1

ロール&シットアップ

腹筋上部を刺激するロールアップから、中・下部まで刺激する
シットアップへの連続技

ロールアップ

1 あお向けになり、両膝を軽く曲げて準備。両手を胸前でクロスし、顎を引きつけ頭を床から浮かせた状態からスタート。息を吐きながらヘソを覗き込むように、背中を丸めて腹筋上部に刺激を入れる。

※ロールアップでもう限界!という場合は、そこで息を吐きながら3〜5秒キープして元に戻しましょう。

難易度⬇

難易度⬆

2 背骨をひとつずつ動かすイメージで上体を起こし続ける。息は最後まで吐き続け、すべてを絞り出す。刺激を入れる箇所は、動きとともに中・下部へと移行。限界まで起こしたら（お腹の力が抜けないように）、同じ軌道で元に戻すが頭は床につけずに、もう一度。

シットアップ

3秒で起こして、3秒で戻る 10 〜 15 回 × 3セット

BAZOOKA CHECK ›››

難易度の調整は手の位置で！

胸前クロスがキツい場合、手を太ももにおいて、動作とともに膝方向にスライド。簡単な場合は、頭の後ろに。脚を床ではなくどこかにかけるか挟むなどしても、効果は減りますがOKです。脚の力を借りて上体を丸め起こす動きを練習するのもいいでしょう。

腹筋覚醒トレーニング

#2

バキューム

息を吸うときの筋肉の動きを利用。
インナーを含む、腹筋を総動員させて腹をへこませる

閉じた口から息を
吸い込むイメージで
胸は広く

1 立位で準備（手は自由）。口を閉じ、口から息を吸い込むようなイメージで胸を広げておなかを引き上げていく

閉じた口から息を吸い
続けるイメージ

2 広げた胸に、おなかを引き上げると同時に、おなかをへこませる。キツいズボンを無理矢理はくときのイメージ

腹筋を総動員させて全方向的にへこませる

3～5秒キープ　10回繰り返す

BAZOOKA CHECK >>>

ドローインとの違い

「ドローイン」は､腹（腹横筋）に力を入れて息を吐くことで、腹をへこませるエクササイズ。対する「バキューム」は、息を吸うときの筋肉も使いますが、口を閉じているため実際には吸い込みません。

腹筋覚醒トレーニング

#3

ツイスティング

ひねりの動きに脚の重さをプラス。
脇腹部分の腹斜筋を刺激

1 あお向けで準備。手は肩のラインで伸ばす（手のひら下）。両脚は揃えたまま腰からひねり、サイドに倒す。

難易度↓

2 腰から上は動かさず、サイドに出した両脚を揃えたまま、床の上に大きな弧を描く。

3 スタート時とは反対にひねり切ると同時に、息を吐き切る。脚は床につけず、同じ軌道で元に戻す。

往復 30 回以上

BAZOOKA CHECK ›››

痛みが出たら無理はしない

膝を曲げると、強度を弱めることができます。なお、ひねりを加えたときや、ひねったところから脚を持ち上げようとする局面で、腰に痛みなどを感じる場合は、動きの速度を緩めたりひねり具合を調整したりして、自分にちょうどいいところを見つけてください。

腹筋覚醒トレーニング +α

#1

ベルトカット&シェイプ

日常使いのベルトをカット。常にバキュームやドローインを意識し、全方位的に締め上げる意識を習慣化する

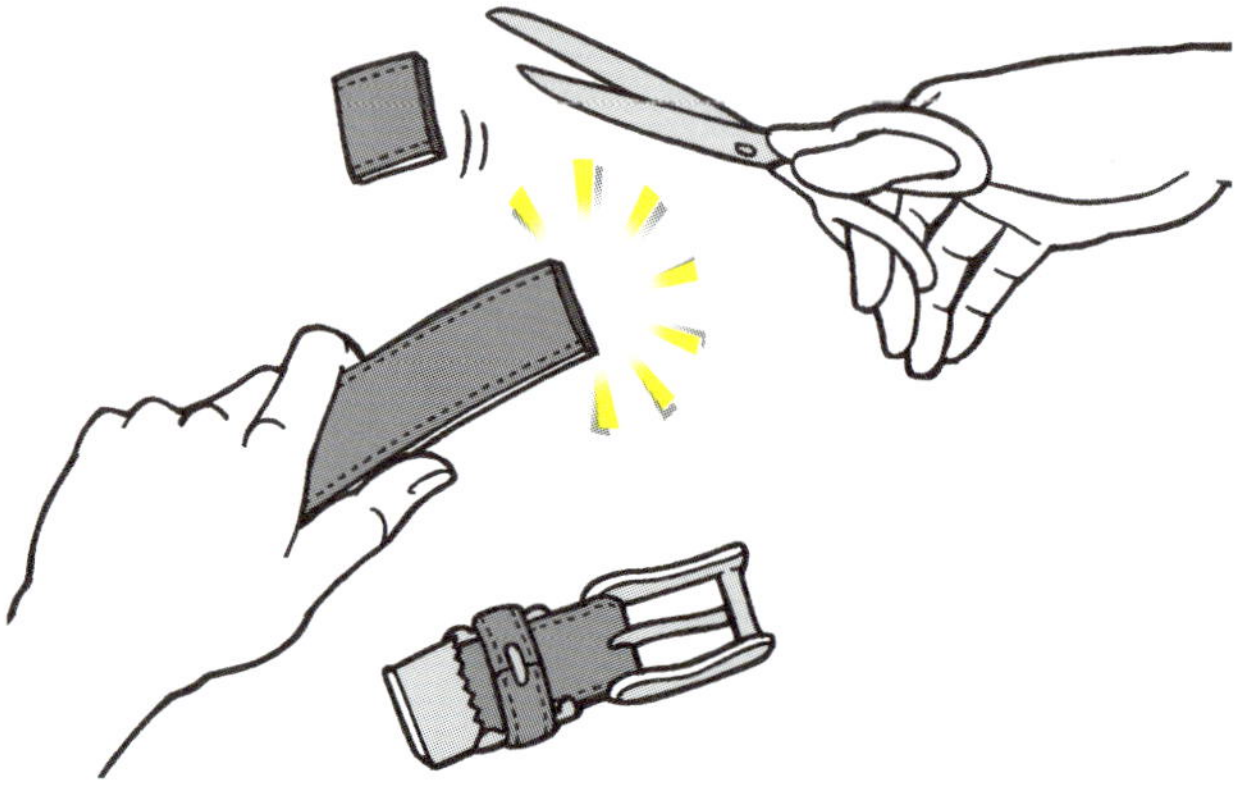

1 穴2つ分を目安に、ベルトをカット。

先ほどお伝えした「シックスパック、引き寄せの5法則」のなかで、晩酌とは次元の異なる「ながら」を導入しようとご提案しました。そのなかで「循環を促す作業とインナーの強化は、身体に対するダメージが少ないので毎日、何度でもやって問題ありません」と書きましたが、働き盛りの皆さんならではの、究極の「ながら」トレーニングをここでご紹介します。

日常使いのベルトをキツめにカットし、仕事の現場で着用するのです。勤務時間=バキューム、もしくはドローインタイム（P52、53）に変換することで、働きながらでも1日の大半を筋トレに費やすことができるようになります。常に忙しいビジネスマンはトレーニングだけに割く時間なんてない！と嘆きがち。けれど、このベルトカット&シェイプを導入することで、心配は消えてなくなります。

2 仕事の現場で着用し、勤務時間をバキューム、もしくはドローインタイムに変換する。

ベルトをカットするする勇気がなければ、キツく締めるだけでも効果があります。

昨日の一杯、なかったことに……！腹割リセット術

「リセット」と言うと、特別な裏ワザがあるように思えるかもしれませんが、そんなものはありません。「コレをすれば、昨日の負債がゼロになる！」といった過度の期待は禁物です。

まず最初にするべきリセットは、気持ちの切り替え。一旦、サイレントモードにした己のシックスパック願望を、目覚めとともに通常モードに戻しましょう。**いくら楽しかったとはいえ晩酌タイムの余韻を翌朝に引きずるなんて、お子ちゃまのすること**です。

そこから先は、予定次第。例えば平日、仕事がある日ならば食事を軸に体調を整えます。食事を工夫してリセットする際、押さえておきたいのは、飲酒による過剰な水分・塩分摂取が原因で起こる「むくみ」を解消すること。なぜなら、むくみの増減は、体脂肪のそれより早く起こるからです。まずは「むくみ」を抑えることが、筋肉と体脂肪の管理をしやすくしてくれるのです。

では、食事で留意したいことから順にお伝えしていきましょう。

晩酌の余韻を、翌日まで引きずるべからず

塩分摂取を控えて、水分を多く摂る

飲んだ次の日は、朝から夜まで1日を通して摂取する塩分の量を抑えて、水分を多く摂ることが大切です。これが「むくみ」を取ってくれます。朝食の定番が「ごはん＋納豆＋干物＋みそ汁」といった定食スタイルの人は、ごはん以外のすべてのおかずから塩分を摂ってしまいます。飲んだ翌朝に、それだけしっかり食べられるかはさて置いて、干物をやめたり、納豆のタレや醤油をカットしたり、みそ汁を減塩にしたり……なるべく塩分量が少なくなるよう、工夫をします。

とはいえ、慣れるまでは結構な手間ですよね。「面倒だから何も食べなくていいや」となるのは、筋肉ロス的な意味でも、仕事への集中力欠如的な意味でも避けたい。

そこでオススメするのは、**炭水化物をごはんから果物に換える**こと。果物にするとおかずが不要になります。ゆで卵や無糖かつ低脂肪のヨーグルトを加えれば、タンパク質も摂れます。朝はパン派という人にも、果物への置き換えはオススメです。

体内の塩分を排除してくれる「カリウム」を多く含むものを積極的に食べるのもいいでしょう。果物でいえば、バナナやキウイ、メロンやアボカドに多く含まれます（ただし、医師からカリウム摂取を制限するよう言われている場合は、医師の指示に従ってください）。

低脂肪を心がける

昼食の定番は、外食という人が多いと思います。揚げ物を控えるのはもちろん、豚バラ肉やひき肉など脂身の多い肉を使ったメニュー、ラーメンやチャーハンなどあからさまに油の使用量が多いものは、避けましょう。難しく思えるかもしれませんが、**シンプルな和食**を選ぶと、このあたりの問題はクリアーしやすくなります。

定食を頼んだとしてもセットサラダにドレッシングやマヨネーズをかけない（もしくは減らす、ポン酢にする）など、細かなところまで意識をして「できる工夫」を積み重ねていけるといいですね。

ただし、脂質も大切な栄養素ですので完全にカットする必要はありません。

高タンパクを意識する

太りにくい栄養素であるタンパク質を意識して摂っていくのは飲んだ翌日だけ、というわけではありませんが、翌日のリセットでは特に心がけていきましょう。高タンパク質の食材、といえば鶏肉が浮かびます。しかし、鶏肉であれば何を選んでもいいわけではありません。

タンパク質と言っても、食材はいろいろ。肉、魚、卵、牛乳・乳製品、大豆……。基本的にはどれを食べてもいいのですが、それぞれにタンパク質の含有量は異なります。また、多く含んでいても高脂肪のものもあります。「低脂肪」と「高タンパク」の組み合わせで食材を選んでいけるといいですね。

例えば、**高タンパクの代名詞・鶏肉ならば、もも肉よりもむね肉を選びたい**ところ。選択の余地がない場合でも、もも肉でも皮を剥ぐ、あるいは油を使わない調理法を選ぶなど「できる工夫」を積み重ねましょう。ライフスタイルの映し鏡である肉体は、このような少しの積み重ねで出来上がるのです。このことは、特に肝に銘じてください。

店によっては皮のオフや、油の不使用、先ほどのドレッシングなどの不使用くらいであれば、注文時にお願いすれば対応してくれるところもあります。ダメ元でも、一度お店に確認をしてみるといいでしょう。

高タンパク質の食材（代表例）

	**牛もも肉（赤身）** 100g	**タンパク質** 20.7g
	**豚ロース肉（赤身）** 100g	**タンパク質** 22.7g
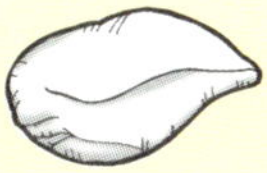	**鶏むね肉（皮なし）** 100g	**タンパク質** 22.3g
	**クロマグロ（赤身・刺身）** 89g	**タンパク質** 21.1g
	**カツオ（刺身）** 80g	**タンパク質** 20.6g
	**納豆（1パック）** 50g	**タンパク質** 8.3g
	**卵（1個）** 50g	**タンパク質** 6.2g
	**牛乳（1杯）** 200g	**タンパク質** 6.6g

入浴で代謝アップ

できれば朝、目が覚めたら、すぐ水分補給をして入浴をしましょう。風呂に入ると、血流がよくなり体温が上昇。新陳代謝が高まって、汗をかき、体内の不要物の排泄を促します。飲酒時、水分と一緒に過剰に摂取した塩分を外に出すことで、むくみを予防します。シャワーだけではあまり効果がありません。

なお、やや熱めの温度に設定すると交感神経が刺激され、頭の目覚めを促す効果もありますが、血管系のストレス（それが心臓や脳へのストレスにも繋がる）を軽減するには、ぬるめの温度で。汗をかきたければ、長めに入るといいでしょう。気持ちの切り替えという意味でも、入浴をうまく使っていきましょう。早く目が覚めたときなど、時間のあるときに試してみてください。

できることなら有酸素

飲んだ翌日がオフの場合は積極的に、歩くなどの有酸素運動を取り入れていきたいのですが、平日の場合でも「できることなら」取り入れましょう。よく例として挙げられますが、ひと駅分、多く歩くのもいいですね。下らないと、断じるなかれ。これは本当に効果があります。あとは、いつもより少し遠回りして歩くのもオススメです。

日光に当たると「幸せホルモン」と呼ばれる、セロトニンの分泌量も増えると言われています。身体の内部環境から、変えていきましょう。

ほかにも「できる工夫」はやっていく

- **歩幅を広く、歩く速度もいつもより速く**
- **エスカレーターではなく、階段を使う**
- **お土産などで配られたお菓子には手をつけない**
- **連日の飲み会出席は避ける**
- **プロテインなどのサプリメントを活用する（P67参照）**

まだまだ、できることはあるはずです。自分の体質に合う・合わないもあるのでこのほかに「むくみの防止」「血流や代謝のアップ」につながることを思いついたら、一度試して見てください。思い出してください。この本は自分にとってちょうどいい「ながら」の度合いを探る一冊でした。リセット術に関しても、自分なりのやり方を見出していきましょう。

腹割コラム
1

居酒屋活用術

部下と腹を割って話したいのなら、まずは自分の腹を割れ！

まず考えてほしいのは、居酒屋に何を求めているのかということです。食事であれば定食屋やファミリーレストランなどに行けばいい（けれど、そもそも夜にがっつり食事をとるべき理由はありません）。酒であれば、自宅かバーで飲めばいい。

居酒屋を選ぶということは、一緒に行く人たちとワイワイ話をしながら酒を飲み、親交を深めるという目的が第一。味や量も、そこまで関係ないはずです。ならば、オーダーもそこに焦点を絞って「酒」と低脂肪高タンパクな「つまみ」という布陣でキマリでしょう。

気をつけたいのが「とりあえず」ビール、「とりあえず」ポテトフライ、といった類の注文方法です。晩酌しながらでも、腹を割りたいと思うなら「とりあえずなら要らない」「本当に食べたいものしかいらない」くらいの強い意志をもちましょう。

また部下を引き連れて、彼らと腹を割って話そう！　と思っているならば順序が逆。自分の腹を割ってから、出直すべきです。イマドキの子たちは、ボディメイクに敏感です。鍛え上げられた身体がスーツ越しに見てとれると、御託を並べなくとも若手の支持は得られます。支持せざるを得ない身体を作り上げましょう。いいことを言うのは、それからです。

腹を割るための「酒」

焼酎やウイスキーなどの蒸留酒から選ぶ
※ビール、ワイン、カクテル、日本酒はできれば避ける。

低脂肪高タンパクな「つまみ」

刺身、焼き魚（ホッケ、イワシ、ししゃも）、焼きとり・塩（若鶏もも、ささみ、ネギマ）、ローストビーフ、エイヒレ、枝豆、豆腐

第3章

簡単激ウマ！ 6パックレシピ

晩酌おつまみからメインディッシュまで
いつものおかずをこのメニューに差し替え
腹まわりの脂肪を削っていこう。

簡単で激ウマな サラダチキン

自分に合った
サラダチキンに出会えた者は
ボディメイクを制す！

コンビニのサラダチキンはウマイけれども味がやや濃くて、食べ続けると飽きてくるのが難点だ。ここではベースメニューとして、飽きのこないバズーカ流・世界一簡単で激ウマなサラダチキンの作り方を紹介しよう。冷蔵庫なら2〜3日はもつので、多めに作ってタッパーなどに小分けして保存しておくと便利だ。

1 ほったらかしサラダチキン

［材料］

鶏むね肉（室温に戻しておく）……… 300g
水 …… 大さじ2
キビ砂糖 …… 小さじ1弱
塩 …… 小さじ½弱

［作り方］

1. 鶏むね肉は均等の厚さになるように開き、フォークで全体を刺す。鍋で湯を沸かす。
2. むね肉と残りの材料をジッパー付きの密閉袋に入れて口を閉じ、沸騰したら火を止めて湯の中に入れて粗熱を取る。その後鍋から出し、食べやすくほぐす（袋のまま冷蔵庫でひと晩おくと、さらにしっとりした仕上がりに）。

2 20分サラダチキン

［材料］

鶏むね肉……200g
水……大さじ1と½
キビ砂糖……小さじ½
塩……小さじ¼

［作り方］

1. 鶏むね肉は均等の厚さになるように開き、フォークで全体を刺し、密閉袋に材料をすべて入れてよくもみ空気を抜いて封をして、15分置く。
2. お皿の上に置いて、2分、裏返してさらに2分チンして冷ます。

››› 密閉袋や大きな鍋がない人

材料は1と同じ。

1. 5センチ角ほどの大きさに切った鶏むね肉を鍋に入れる。

2. 熱湯をむね肉が浸るぐらいまで注ぎ入れる。

3. 30分放置後、取り出して冷ます。

やみつき！ サラダチキンおつまみ①

和えるだけ！ レタスのおかか和え

95％が水分でできているレタスは低カロリー野菜の筆頭だ。
チキンをガッツリいきたいときは迷わずこの晩酌メニューで。
醤油とカツオ節、レモン汁で簡単さっぱりいただこう。

［材料］

サラダチキン……100g
レタス……1/4個（90g）
塩……少々
A
- 醤油……小さじ2
- カツオ節……1パック（2.5g）
- レモン汁……小さじ1/4
- 黒胡椒……少々
- オリーブオイル……小さじ1/2

［作り方］

1. サラダチキンは手で割く。レタスは1センチ幅に切る。
2. レタスをボウルに入れて塩で軽くもみ、水気をしっかり搾り、サラダチキンとAを加えてよく和え、皿に盛る。

［糖質］3g

やみつき！ サラダチキンおつまみ②

和えるだけ！ 梅たたきキュウリ

梅干しには脂肪酸を分解するミトコンドリアが豊富に含まれる“遅筋”の発達を促す効果があるとされている。**超低脂肪、超低炭水化物、超高タンパク。**これを食べれば割れない腹はないだろう。

［材料］

サラダチキン……100g
キュウリ……1本
梅干し……1粒
生姜……薄切り3ミリ分
A 麺つゆ……小さじ½
A すりごま……小さじ½
A ごま油……小さじ½

［作り方］

1. サラダチキンを手で割く。生姜は千切りにし、キュウリはヘタを切り落とし、6等分したら手のひらで押してつぶす。
2. 1をボウルに入れ、種を取り除いた梅干しを手でつぶしながらAを加え、よく和える。

やみつき！ サラダチキンおつまみ③

和えるだけ！ 塩昆布とカブのサラダ

カブは秋から冬が美味い。**胃によいとされるジアスターゼ**を熱で壊さずいただくためのさっぱりサラダ。こたつ晩酌のやみつきリピートメニューにぜひ加えていただきたい。

［糖質］
7g

［材料］

サラダチキン……100g
カブ（葉を除く）……1株
セロリ（葉を除く）……1/3本
塩昆布……大さじ2（約10g）
生姜チューブ……小さじ1/2
いりごま（白）……小さじ1
ごま油……小さじ1/2

［作り方］

1. サラダチキンを手で割く。カブは縦半分にカットしてから薄切りに、セロリは薄切りにする。
2. 1と残りの材料をボウルに入れて混ぜ合わせ、よく和えて、皿に盛る。

やみつき！ サラダチキンおつまみ④

和えるだけ！ 大葉とクルミのジェノヴェーゼ風

ナッツの良質な脂質を摂取せよ！イタリアン風のおしゃれなレシピ。
抗酸化作用に優れるナッツとチーズの相性もよく、冷えたワインが進みまくる、
休日の午後にはぴったりのおつまみだ。

［糖質］
4g

［材料］

サラダチキン……100g
大葉……5枚
クルミ（無塩）……3粒（約10g）
カシューナッツ（無塩）……15粒
（なければクルミでも可）
A
オリーブオイル……大さじ1
粉チーズ……小さじ½
塩……少々
紫玉ねぎ（玉ねぎでも可）……1/16個

［作り方］

1. 大葉は細切り、紫玉ねぎは千切りにしてさっと水にさらす。サラダチキンは手で割く。
2. クルミとカシューナッツをビニール袋に入れて封を軽く縛り、麺棒や瓶などで細かく粉砕する。
3. 2のビニル袋に1、Aを入れ、よくもんで和え、皿に盛る。

※カシューナッツがない場合はクルミ8粒を使う。

やみつき！ サラダチキンおつまみ⑤

さっと炒めて！ 柚子胡椒のペペロンチーノ

玉ねぎのシャキシャキと柚子胡椒のピリ辛が後を引き、ウイスキー・焼酎系が止まらない！ 不足しがちな食物繊維もスナップエンドウがカバー。夏バテでもこれならいける！

［材料］

サラダチキン……100g
玉ねぎ……½個
ニンニク……1かけ
スナップエンドウ……10個
オリーブオイル……大さじ½
A「柚子胡椒……小さじ½
　└酒……大さじ2
塩……少々
胡椒……少々

［作り方］

1. サラダチキンは手で割く。玉ねぎとニンニクは薄切りにし、スナップエンドウは筋を取る。Aは混ぜ合わせておく。
2. フライパンにオリーブオイルを入れ、ニンニクを加えて弱火にかけ、香りが立ったら玉ねぎ、スナップエンドウを加えて中火で炒める。
3. 玉ねぎが透き通ったらサラダチキン、Aを加えて絡めながらさっと炒め、塩・胡椒で味を調え器に盛る。

［糖質］
10g

必須！ 鶏むね肉レシピ①

揚げない！ 唐揚げ

唐揚げには男の夢が詰まっている。ただ、多量の油はいただけない。
この「揚げない唐揚げ」はすべてのマッスラーたちの要望に応えた、
ローオイル昇天メニューだ！

［糖質］2g

［材料］

鶏むね肉……400g
塩……少々
白胡椒……少々
A ニンニクすりおろし……1かけ分
A 生姜すりおろし……1かけ分
A 醤油……大さじ2
A 酒……大さじ1
A マヨネーズ……小さじ1
片栗粉……適量
サラダ油……大さじ2

［作り方］

1. 鶏むね肉の皮を取り除き一口大に切り、塩・胡椒をし、ビニール袋にAとともに入れてよくもみこむ。
2. 鶏肉を取り出して、片栗粉をたっぷりめに入れた別のビニール袋に移し、振りながら全体にしっかり粉をまぶす。
3. 冷たいフライパンに鶏肉を敷き詰め、サラダ油を全体に回しかけてから中火でフタをして5分、こんがり色が付いたら裏返してさらに5分ほどフタをして焼く。

必須！ 鶏むね肉レシピ②

唐揚げリメイク！ 南蛮漬け

うますぎるがゆえについ作りすぎてしまった唐揚げも、
酢とはちみつによってさらなる高みへと昇華する（冷蔵庫で3日はもつ）。
さらに**玉ねぎは男性ホルモン分泌を高める最高のパートナーだ！**

［材料］

唐揚げ……200g
玉ねぎ……1/4個
ニンジン……1/4本
A
酢……大さじ3
はちみつ……大さじ1と1/2
麺つゆ……大さじ1
水……1/2カップ

［作り方］

1. 玉ねぎは薄切りに、ニンジンは千切りにする。
2. 容器にAを入れて混ぜ合わせ、鶏の唐揚げと玉ねぎ、ニンジンを入れて上からピタッとラップで落としブタをして、冷蔵庫で15分以上寝かす。

［糖質］9g

必須！ 鶏むね肉レシピ③

レンジで簡単！ 大根のみぞれ煮

大根に含まれるビタミンCは筋肉を含む膜、血管などを構成するコラーゲンの産生に必須だ。 なにより、鶏むね肉にからみつく大根おろしの滋味で箸のプリチャーカールが止まらない！

［糖質］
8g

［材料］

鶏むね肉……100g
塩……少々
白胡椒……少々
片栗粉……適量
大根……3センチ分
万能ねぎ……10センチ分
生姜すりおろし……適量
A 麺つゆ……50cc
A 水……50cc

［作り方］

1. 鶏むね肉は表面の水分をキッチンペーパーでふき取り、そぎ切りにして塩・白胡椒をして下味をつけ、片栗粉を全体にまんべんなく薄くまぶす。
2. 深めの耐熱皿に1の鶏肉を重ならないように並べ、Aをかけ、すりおろした大根を鶏肉の上にフタをするようにまんべんなくのせ、レンジで（500W）2分30秒加熱する。
3. 万能ねぎを小口切りにし、2の上に生姜のすりおろしとともにかける。

必須！ 鶏むね肉レシピ④

フライパンで！ チーズダッカルビ

流行りのダッカルビは女子だけのものではない。
鶏むね肉を使えば立派なマッスルメニューだ！
チーズは脂質が多いが、高タンパク食品でもある。摂りすぎなければOKだ。

［材料］

鶏むね肉……………………………100g
キャベツ………………………………2枚
ピーマン………………………………1個
スライスチーズ………………………3枚
A
- ニンニクすりおろし…小さじ½
- 生姜すりおろし…………小さじ½
- 醤油……………………………大さじ½
- みりん、すりごま……各大さじ1
- コチュジャン……………大さじ½

ごま油…………………………大さじ1

［作り方］

1. ビニール袋にAをすべて入れて混ぜ合わせ、鶏肉を入れてよくもみこむ。キャベツはざく切りに、ピーマンは種を取り除きざく切りにする。
2. フライパンにごま油を敷き、キャベツ、ピーマン、汁気をきった1の鶏肉をのせ、フタをして弱火にかけて5分蒸し焼きにする。ビニール袋のつけダレは取っておく。
3. 全体を混ぜて残しておいたつけダレを加えさらに2分ほど炒めたのち、中央をくぼませてスライスチーズをちぎり入れ、フタをして1分蒸らす。

必須！ 鶏むね肉レシピ⑤

レンジで簡単！ 茶碗蒸し

昔は作るのが大変だった、しっとりとしたアツアツ茶碗蒸し。
今ならレンチンであっという間だ。
卵×鶏むね肉のダブルタンパクコンボをおいしくいただこう！

［糖質］
1g

［材料］

鶏むね肉……40g
卵……1個
シイタケ……1/2個
玉ねぎ……1/8個
焼き海苔……1/4枚
三つ葉……お好みで
A 麺つゆ……大さじ1
A 水……90cc
A 塩……少々

［作り方］

1. 鶏むね肉はそぎ切りに、シイタケは軸を取り除き薄切りに、玉ねぎも薄切りにする。焼き海苔は手で細かくちぎる。
2. Aを計量カップで量り、そこに卵を入れて白身を切るようにしっかり混ぜ合わせる。
3. 器に1を入れ、2を茶こしでこしながら静かに注ぎ、ラップをふわっとかけて200Wの電子レンジで8分加熱する（500Wの場合は2分※）。

※器のサイズや深さにより多少加熱時間が前後するので、1分ずつ様子を見ながら加熱する。お好みで食べやすい大きさに切った三つ葉を添える。

海からの栄養！ 魚介レシピ①

さっと炒めて！ タコのしし唐炒め

高タンパク、低脂肪食材代表のタコ、プラスしし唐のカプサイシンは新陳代謝を活発にさせ、脂肪の燃焼にも役立つ。

赤と緑の色合いも食欲をそそる！

［材料］

タコ（ボイルしたもの）…………100g
しし唐……………………………10個
ニンニク…………………………1かけ
オリーブオイル…………………大さじ2
酒…………………………………大さじ2
塩…………………………………少々
白胡椒……………………………少々

［作り方］

1. しし唐はヘタを切り落とし、ニンニクは薄切りにする。ボウルにひと口大にうすく切ったタコ、酒、塩、胡椒を入れて軽くもむ。
2. オリーブオイルをフライパンに敷きニンニクを入れる。香りが立ったらしし唐を加え、さらに炒める。
3. しし唐がくたっとなったら、タコを酒ごと入れて塩・白胡椒で味を調え、さっと炒めて器に盛る。

［糖質］
2.5g

海からの栄養！ 魚介レシピ②

和えるだけ！ マグロとアボカドのハワイアン風漬け

マグロは海のプロテイン。大海原を回遊していたその赤身には、
筋肉づくりに必要なBCAA（分岐鎖アミノ酸）がたっぷり。
天然のマルチビタミン食材アボカドとのマリアージュを堪能せよ！

［材料］

マグロ（刺身用・赤身）……100g
紫玉ねぎ（玉ねぎでも可）……1/8個
アボカド……1/2個
レモン汁……少々
レモン（くし切り）……適量
A
- 醤油……大さじ1
- ゴマ油……小さじ1と1/2
- 塩……少々
- 胡椒……少々
- わさび（お好みで）……小さじ1/2

［作り方］

1. マグロは1.5センチ角に切り、紫玉ねぎは粗めのみじん切りにし、ボウルに入れてAと和え、冷蔵庫で10分以上寝かせる。
2. アボカドは1センチ角に切り、変色しないようにレモン汁と和えておく。
3. 1と2を和えて器に盛る。レモンを添え、お好みで搾って味の調整をする。

海からの栄養！ 魚介レシピ③

ほったらかし！ サーモンのコンフィ

サラダチキンの次はサラダサーモンの時代だ！

低温調理でしっとりと仕上がったサーモンには消化・吸収によいとされる良質なタンパク質が多く含まれているぞ。

［材料（2食分）］

生鮭……2切れ

A
- 麺つゆ……小さじ2
- オリーブオイル……大さじ5
- ニンニク……1かけ
- ローズマリー（なくても可）……乾燥なら小さじ2、生なら1本

塩……少々

［作り方］

1. 生鮭はキッチンペーパーで表面の水分をしっかりふき取り、塩少々を両面にかけて下味をつける。ニンニクは縦半分に切って芽を取り除き、包丁の腹で押してつぶす。
2. 密閉袋にAを入れてよく混ぜ、切り身を入れて空気を抜いて密閉する。
3. 鍋に水550ccを入れて火にかけ、沸騰したら水300ccを入れ火を止め、2をひたしてフタをして15分置く。鍋から取り出して冷まし、完成。冷蔵庫で冷やしてから食べると、より味がなじむ。

海からの栄養！ 魚介レシピ④

オーブントースターで！ サバのカレー焼き

アラフォー男子なら加齢臭ではなくカレー臭でいけ！
食欲をそそるカレーの風味がサバの臭みを取り旨味もアップ。
サバから良質なタンパク質と脂質を摂取せよ！

［糖質］
5g

［材料（2食分）］

塩サバ……1尾
酒……大さじ1
塩……少々
白胡椒……少々
カレー粉……小さじ½
小麦粉……小さじ½
オリーブオイル……大さじ1

［作り方］

1. 塩サバの表面の水分をキッチンペーパーでしっかりふき取り、バットなどに置いて酒を入れてひたし、20分〜30分置く。
2. サバを取り出し、表面の水分をキッチンペーパーでしっかりふき取ったら、塩・白胡椒、カレー粉、小麦粉の順に全体にまんべんなくまぶす。
3. オーブントースター用の天板にアルミホイルをしき、2をのせ、上からまんべんなくオリーブオイルをかけて、240度のオーブントースターで10分焼く。

海からの栄養！ 魚介レシピ⑤

オーブントースターで！
ブロッコリーとシーフードミックスのホイル焼き

ボディメイクの最強食材ブロッコリー＆シーフードミックス。
ブロッコリーはホルモンバランスを整え、筋肉増量のアシストをしてくれる。

［糖質］3g

［材料］

ブロッコリー……½株
シーフードミックス（冷凍）…1袋（180g）
ニンニク……1片
塩……小さじ½
胡椒……少々
粉チーズ……小さじ2
オリーブオイル……大さじ2

［作り方］

1. 下準備としてオーブントースターを240度に温めておく。
2. ブロッコリーは小房に切り、粗みじん切りに、ニンニクは薄切りにする。
3. オーブントースター用の天板にアルミホイルを敷き、シーフードミックス、ブロッコリーの順に敷き詰めて、ニンニク、塩・胡椒、粉チーズ、オリーブオイルを全体にかけて、240度のオーブントースターで15分加熱する。

みんな大好き！ 牛&豚レシピ①

レンジで簡単！ ブロッコリーのオイスター炒め風

野菜の割にタンパク質が豊富なブロッコリー。それをまるまる摂取せよ！ 高タンパクの高い牛肉と校ビタミンのブロッコリーをソースのコクが絶品にまとめあげる！

［材料］

牛肉ロース切り落とし……………………100g
ブロッコリー………………………………½株
シイタケ……………………………………1個
A ニンニク薄切り…………………………1かけ
A 醤油、酒、みりん…………………各小さじ1
A 片栗粉……………………………………小さじ1
オイスターソース…………………………小さじ½
塩……………………………………………少々
水……………………………………………大さじ3

［作り方］

1. 牛肉を深めの耐熱皿に入れてAとなじませる。
2. シイタケは薄切りにする。ブロッコリーは水洗いしたら食べやすい大きさに切り塩少々をまぶし、ビニール袋に入れてレンジで1分加熱する。
3. 1に水を入れて全体を混ぜ、シイタケとブロッコリーを加え、その上に牛肉をおおって、ふわっとラップをしてレンジ（500W）で2分30秒加熱する。

みんな大好き！ 牛＆豚レシピ②

フライパンで！ ステーキサラダ

いい牛肉が手に入ったら、ステーキサラダフェスの開幕だ。
牛肉に含まれるクレアチニンでトレーニングもより効果的に!!
ベビーリーフがなければレタスなどの生野菜で代用してもOK。

［糖質］4.5g

［材料］

赤身ステーキ肉……100g
長ねぎ……1/3本
ベビーリーフ……1袋
カイワレ大根……1/2パック
A 醤油、水……各大さじ1
A 酒……大さじ1と1/2
A ニンニクすりおろし……小さじ1/2
A キビ砂糖……小さじ1
オリーブオイル……大さじ1

［作り方］

1. 長ねぎはみじん切りにし、カイワレ大根は根元を切り落とし、ベビーリーフとともに皿に盛る。肉の表面に塩・胡椒をする。
2. 冷たいフライパンにオリーブオイルを敷き中火にかけ、熱したら肉を入れて全面を焼き目がつくまでさっと焼き、取り出してアルミホイルに包んで5分寝かせ、冷めたら食べやすく切って皿に盛り付ける。
3. 肉を取り出したあとのフライパンに、あらかじめ混ぜ合わせておいたAを入れて弱火で煮立たせ長ねぎを加える。ねぎがくたくたになったら、ソースとして肉の上にかける。

このたびは飛鳥新社の本をご購入いただきありがとうございます。

今後の出版物の参考にさせていただきますので、以下の質問にお答えください。ご協力よろしくお願いいたします。

■この本を最初に何でお知りになりましたか
1.新聞広告（　　　　　　新聞）
2.webサイトやSNSを見て（サイト名　　　　　　　　　　）
3.新聞・雑誌の紹介記事を読んで（紙・誌名　　　　　　　　）
4.TV・ラジオで　5.書店で実物を見て　6.知人にすすめられて
7.その他（　　　　　　　　　　　　　　　　　　）

■この本をお買い求めになった動機は何ですか
1.テーマに興味があったので　2.タイトルに惹かれて
3.装丁・帯に惹かれて　4.著者に惹かれて
5.広告・書評に惹かれて　6.その他（　　　　　　　）

■本書へのご意見・ご感想をお聞かせください

■いまあなたが興味を持たれているテーマや人物をお教えください

※あなたのご意見・ご感想を新聞・雑誌広告や小社ホームページ上で
1.掲載してもよい　2.掲載しては困る　3.匿名ならよい

ホームページURL http://www.asukashinsha.co.jp　　40代からのシックスパック 2018.07

郵便はがき

62円切手を お貼り ください

101-0003

東京都千代田区一ツ橋2-4-3
光文恒産ビル2F

(株)飛鳥新社　出版部

『40代からのシックスパック』
読者カード係行

フリガナ	性別　男・女
ご氏名	年齢　　歳
フリガナ	
ご住所〒 TEL　　（　　）	
ご職業　1.会社員　2.公務員　3.学生　4.自営業　5.教員　6.自由業 7.主婦　8.その他（　　）	
お買い上げのショップ名　　所在地	

★ご記入いただいた個人情報は、弊社出版物の資料目的以外で使用することはありません。

みんな大好き！ 牛&豚レシピ③

オーブントースターで！ アーモンドポークピカタ風

豚肉はビタミンB_1が豊富で、ヒレなら低脂肪、高タンパクだ。
様々な動物の筋肉を食し、多角的に筋肉の発達を狙え！
ホイルに乗せたままで豪快にいただくのもワイルド。

［糖質］5g

［材料］

豚ヒレ肉……150g
塩、白胡椒……各少々
片栗粉……適量
アーモンド……10粒
A 卵……2個
A 粉チーズ……小さじ1と½
A パセリ……小さじ1と½

ソース

B ケチャップ……小さじ1
B 醤油……小さじ½
B ガーリックパウダー……少々

［作り方］

1. オーブントースターを240度に温めておく。
2. 豚ヒレ肉は1センチの厚さに切り、塩・胡椒をし、片栗粉を全体にまぶす。密閉袋にアーモンドを入れて麺棒か瓶などで細かく砕く。
3. 2の袋に豚肉とAを入れて袋をもんでよく混ぜ合わせる。
4. オーブントースター用の天板にアルミホイルを敷き、密閉袋の中身を卵液ごと流し入れて豚肉が重ならないように広げ、240度のオーブントースターで13～15分焼く。Bを混ぜ合わせてつけていただく。

みんな大好き！ 牛＆豚レシピ④

麺つゆで簡単！ キャベツと豚肉の卵とじ

なぜ豚とキャベツはこんなにも合うのだろう……。
高タンパク、適量の脂質、食物繊維。完璧である。
ロースの外側に過分についた脂身は調理前に取り除いておこう。

［材料］

豚ロース切り落とし……70g
キャベツ……1枚分
玉ねぎ……1/8個
卵……1個
A 麺つゆ……25cc
A 水……25cc
A ニンニクすりおろし……小さじ1

［作り方］

1. 玉ねぎは薄切りに、キャベツはざく切りにする。キャベツの芯の固いところは薄切りにする。
2. 小鍋にA、玉ねぎ、キャベツの半量を入れる。その上に豚肉、残りのキャベツを順に入れ、フタをして中火で5分煮る。
3. フタを開けて全体を混ぜ、中央をくぼませてそこに卵を割り入れる。卵が固まってきたら全体をさっと混ぜて絡め、皿に盛る。

畑のミート！ 高タンパク大豆レシピ①

爆速！ 豆腐とトマトのカルパッチョ

タンパク質摂取は、動物性と植物性、包括的に行うべし。

木綿豆腐は絹ごしよりタンパク質が多く、3倍近くのカルシウムを含む。疲労に効く抗酸化成分を持つトマトと一緒にイタリアンな感じでいただこう。

［糖質］6.5g

［材料］

木綿豆腐……½丁
塩……小さじ1
ミニトマト……8個
バジル……適量
オリーブオイル……小さじ1

［作り方］

1. 木綿豆腐の全体に塩をよくなじませ、キッチンペーパーで包んで10分置き水分を抜く。
2. ミニトマトを縦4等分にスライスする。
3. 豆腐を食べやすい大きさに薄切りし、トマトと交互に重ねながら皿に盛り付け、バジルを添えてオリーブオイルをかける。

畑のミート！ 高タンパク大豆レシピ②

フライパンで！ 厚揚げのガーリックソテー

香ばしいニンニクの風味が腹直筋を刺激する！

オリーブオイルで豊かな健康を。ニンニクで豊かな筋量を。

ニンニクのアリシンは、抗ストレス、抗疲労に役立ち、筋トレをサポートする。

［材料］

厚揚げ	1枚（200g）
ニンニク	1かけ
万能ねぎ	適量
オリーブオイル	小さじ2
塩	少々
白胡椒	少々
カツオ節	1パック
醤油	適量

［作り方］

1. ボウルに厚揚げを入れ、熱湯をかけて油抜きをしたのち、キッチンペーパーで水分をしっかり切る。
2. ニンニクは薄切り、万能ねぎは小口切りにする。
3. フライパンにオリーブオイル、ニンニクを入れ香りが立つまで弱火で炒め、カリッとしたら取り出す。
4. 3のフライパンに薄切りにした厚揚げを並べ、中火で両面を色よく焼き、全体に塩・胡椒で味を調え器に盛る。仕上げにカツオ節、万能ねぎ、醤油をかける。

畑のミート！ 高タンパク大豆レシピ③

レンジで簡単！ あさりのスンドゥブチゲ

狩猟採集時代を思い出せ！　高タンパク、低脂肪の貝を侮るな。
この燃えるようなオレンジ色…すぐにでも卵を崩し、かき込みたい……。
アサリはケチらず多めに入れるとだしが十分に出て激ウマだ。

［材料］

あさり……100g
絹ごし豆腐……½丁もしくはミニパック1つ(130g)
長ねぎ……¼本
シイタケ……1個
卵……1個
A
- キムチ……100g
- コチュジャン……小さじ1
- カツオだし顆粒……小さじ¼
- ごま油……小さじ1
- 鶏がらスープの素……小さじ¼

水……150cc

［作り方］

1. あさりは3%の食塩水で塩抜きしておく。
2. 長ねぎは斜め切り、シイタケは1センチ幅に切る。
3. 耐熱の深めの器に**A**を入れてよく混ぜ合わせ、卵以外の材料を入れてふわっとラップをかけてレンジ(500W)で5分加熱する。
4. ラップを外し、卵を中央に割り入れて黄身に箸で穴を開けたら再びラップをして、レンジで1分30秒加熱する。

畑のミート！ 高タンパク大豆レシピ④

レンジで簡単！ 納豆オムレツ

卵を割るとあふれ出る、納豆、納豆、納豆!!
水溶性・不溶性両方の食物繊維を含む納豆は、腸コンディショニングの最強ツールのひとつだ！

［材料］

卵……2個
万能ねぎ……1本
納豆……1パック
A
- 塩……少々
- 白胡椒……少々
- 水……大さじ2
- 納豆備え付きのだし醤油……1袋
- カツオ節……1パック

［作り方］

1. 万能ねぎは小口切りにする。
2. ボウルに卵、万能ねぎ、**A**を入れてフォークでよく混ぜ、深めの耐熱皿にラップを広げ、その上に流し入れてレンジ（500W）で2分30秒加熱する。
3. 納豆をパックの中でよく混ぜ、**2**の上に広げたらラップで巻いて成形し、取り外して器に盛る。お好みで万能ねぎを上からかける。

［糖質］
3.5g

メインでもいける！ 究極〆レシピ①

木綿豆腐の納豆キムチチャーハン

このフォルム、既にうまい。納豆が苦手でなければ、ぜひ作っていただきたい一品。茶わん1杯分の白米にも関わらず驚きの満足感が得られる、シックスパック作りの強力な味方だ。

［糖質］32g

［材料］

ご飯……………お茶碗軽く1杯（80g）
木綿豆腐……………½丁
キムチ……………60g
納豆……………1パック
A ごま油……………小さじ2
A 鶏がらスープの素……………少々
A カツオだし顆粒……………少々
万能ねぎ……………少々
焼き海苔……………お好みで

［作り方］

1. 木綿豆腐はキッチンペーパーで包み電子レンジで30秒加熱し、キッチンペーパーの上から搾って水気をきる。
2. 1をフライパンに入れ、ヘラでつぶし、ほぐしながら中火でパラパラになるまで炒める。水気が飛んだら、火を止めて一度取り出す。
3. 2と同じフライパンに、キムチ、納豆、Aを入れてから中火にかけ、香りが立つまでしっかり炒め、2とご飯を加え全体をよく炒め合わせる。納豆の備え付きのだし醤油を入れて味を調え皿に盛り、万能ねぎを散らす。焼き海苔を散らすとさらにタンパク質量がアップし、味もおいしくなる。

メインでもいける！ 究極〆レシピ②

豆乳のクリーミーにゅう麺

ともすれば味気ないものになってしまいがちな〆のメニューを
豆乳のコクが"満足の品"へと変えてくれる。麺つゆベースなので、
そうめんの代わりにGI値の低いそば（½束）を使ってもいい。

［糖質］
29g

［材料］

オクラ……3本
トマト（中）……½個
豆乳……100cc
麺つゆ……50cc
水……100cc
そうめん……½束
オリーブオイル……大さじ1

［作り方］

1. オクラは薄切りに、トマトは粗みじん切りにする。そうめんをゆでるためのお湯を鍋に沸かしはじめる。
2. 1と別の鍋にオリーブオイルを入れて熱し、トマトを加えて中火で油となじむようにつぶしながら炒めたら、麺つゆ、水を加える。煮立ったら弱火にしてオクラ、豆乳を加え温める（吹きこぼれに注意）。
3. そうめんを表記時間より10秒ほど早めにゆで上げ、お湯を切り2に加えて器に盛る。

メインでもいける！ 究極〆レシピ③

サラダチキンの春雨ヌードル

超低脂肪、高タンパクと若干の炭水化物。究極の体脂肪除去食のひとつだ。サラダチキンを使った爆速シックスパックレシピ。

こちらも春雨の代わりにそばを使ってもいい。

[材料]

サラダチキン……50g
生姜（薄切り）……1かけ
長ねぎ（青い部分）……10センチ
水……150cc
酒……100cc

ヌードル用

水……300cc
春雨（緑豆）……1食分（15g）
長ねぎ（青い部分）……適量
白ごま……適量
乾燥わかめ……適量
A ┌ 鶏ガラスープの素……小さじ1
 └ 麺つゆ……小さじ2

[作り方]

1. サラダチキンをそぎ切りにし、長ねぎを刻む。ヌードル用の器にAを入れておく。
2. 鍋に水を沸かし、沸騰したら春雨を加え弱火で柔らかくなるまで煮て火を止め、1の器に汁ごと入れて、サラダチキン、長ねぎ、白ごま、乾燥ワカメを盛る。

メインでもいける！ 究極〆レシピ④

木綿豆腐の塩こんぶ茶漬け

なんと優しくて懐かしい味！ 少量のご飯でも木綿豆腐のフォローによって十分満足できる。晩酌の〆としてはもちろん、**忙しい朝、飲みすぎた朝の滋養爆速メニュー**としてリピート必至だ！

［材料］

木綿豆腐……½丁
ご飯……しゃもじひとすくいぶん（60g）
塩こんぶ……ひとつまみ
梅干し……1粒
長ねぎ（青い部分）……5センチ分
お湯……150cc
いりごま（白）……小さじ2

［作り方］

1. 木綿豆腐はキッチンペーパーで包みレンジ（500W）で30秒加熱し、キッチンペーパーの上から搾って水気を切る。長ねぎは小口切りにする。
2. どんぶりに1を手で崩しながら入れ、ご飯を加えてしゃもじで混ぜ合わせる。
3. 2に塩こんぶ、梅干しをのせて上からお湯をかけ、長ねぎをのせる。仕上げにいりごまを指でつぶしながらかける。

［糖質］
25g

ごちそうさま！

腹割コラム
2

昼食時の注意点

周囲の目は気にするな。
いいカラダになった者が勝つ

自作の弁当を持参できるのが一番……ではありますが、そうはいかないのが実際のところ。というわけでおそらく毎日、外食になるであろう昼食選びのポイントをまとめておきます。

● 提供スピードに惑わされるな

丼やパスタなどの1品モノやファストフードは、栄養バランスが偏りがち。タンパク質より脂質や糖質過多になりやすいので避けたほうが無難。

● ただし、そばは例外！

どうしても時間がないときは、低脂肪でGIが低めのそば（トッピングは卵や鴨、山菜、わかめなど）を選び、可能ならあと1品タンパク質をプラスしましょう。

● 定食のチョイスを間違えるな

魚系の定食（刺身・焼き魚）を選んでおけば、まず間違いありません。ただし、言わずもがなフライ系は頼むべからず、です。

● 宅配サービスも活用すべし

近場にいい店がないときは、ネットオーダーできる宅配サービスも活用するのも手です。オフィスなどへの配達も対応していますし、会社的に問題がなければ、周囲の目なんて気にする必要はありません。結局は、いいカラダになった者勝ちなのですから。

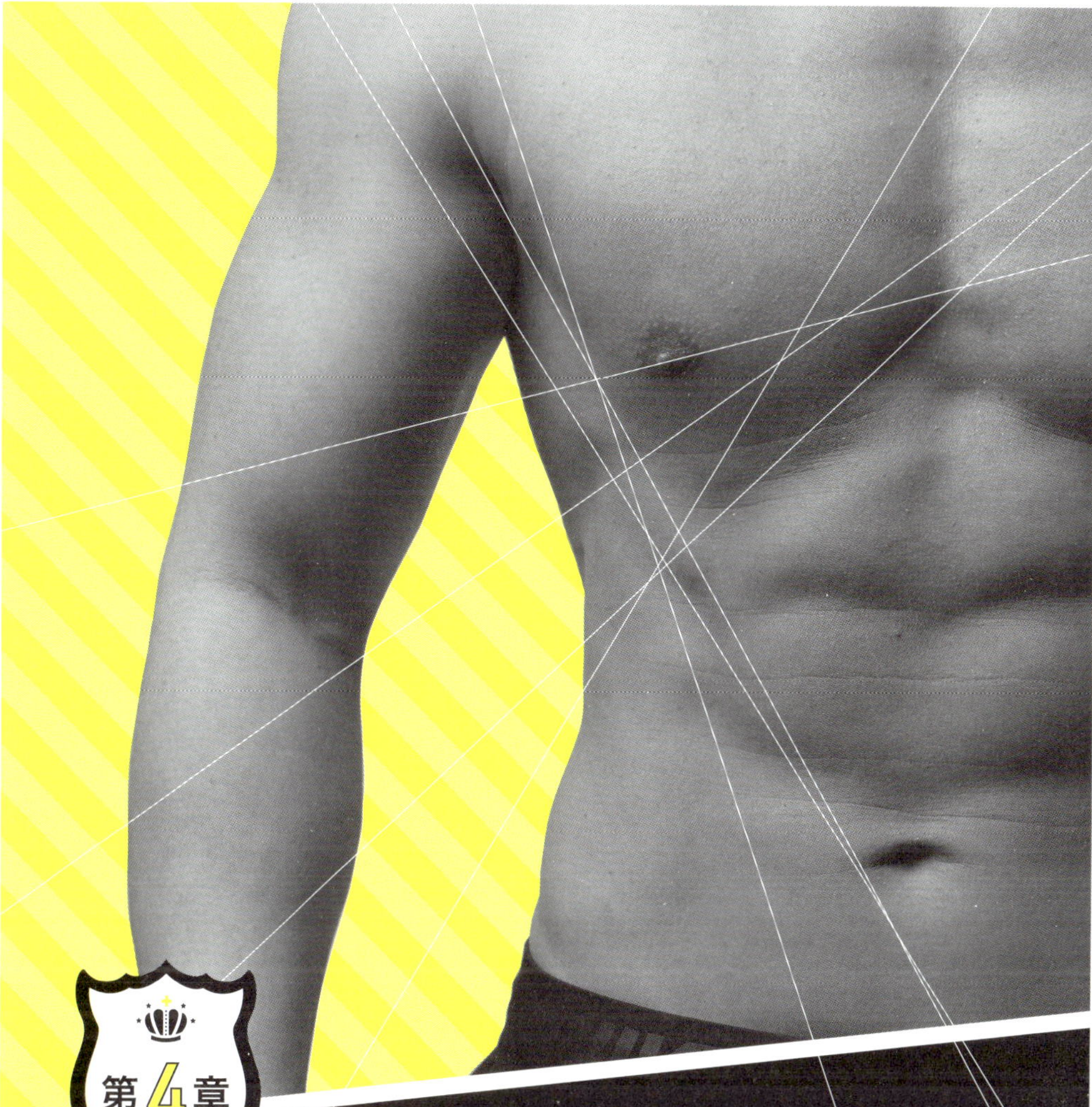

第4章

40代からの「真のボディメイク」

シックスパックは、ゴールでありスタート。
リバウンドを防ぎ、残りの人生も美しく、
健やかであり続けるためのTipsをお届けする。

【リバウンド予防学①】
太る仕組み、痩せる仕組み

ボディメイクにつきものなのが、リバウンドの恐怖です。特に、今回のように運動よりも食事により重点をおく取り組みで体脂肪を落としていくと「食事を戻した瞬間に、元に戻るのでは……」という不安がよぎりがちです。

リバウンドとは、簡単に言うと「太る」ことです。カロリーの話でも触れましたが、摂取エネルギーが消費エネルギーを上回り続けると太ります。もちろん、より細かく見ていくと太る要因はほかにもあるのですが、ボディメイクの初期段階では、改めて参考になります。

自分は今、「何を」「どれくらい」食べているのかを客観視した上で、それぞれがもつエネルギー量を数値化し、合算したものが摂取エネルギー量です。摂取量がわかれば、消費量は体型の変化で見ていきます。例えば摂取３０００キロカロリーで太らなければ、消費量は３０００。太るなら消費は３０００以下……と、おおよそ判断ができれば十分です。

身体の変化から、摂取と消費の量を知る

摂取 3000 キロカロリーで現状維持＝消費エネルギー量は 3000 ちょうど

摂取 3000 キロカロリーで痩せる＝消費エネルギー量は 3000 以上

摂取 3000 キロカロリーで太る＝消費エネルギー量は 3000 以下

BAZOOKA CHECK >>>

体重計などで表示される基準代謝量（消費エネルギーの大部分）やランニングマシンの消費カロリーといった数値の類は、あくまで“推定”です。真の目的は「体型の改善」であって、“推定された消費カロリー数値をかせぐこと”ではありません。数値とは、自分の身体の現状を把握するための一つの参考資料にすぎないのです。

【リバウンド予防学②】摂取と消費のエネルギー調整法　その1

太る状態から抜け出すには、摂取エネルギーをコントロールするのがひとつの手。方法としては、お伝えしたように「食べる量を減らす」「食べるものの質を変える」でした（質の変え方は、掲載レシピを参考に）。もうひとつの手は、消費エネルギーのコントロールです。ただ「摂取」も「消費」も、わかっているようでわかっていないのが多くの人の実情と感じています。理解を深めることで見えること、できることは増えていきます。少し考察してみましょう。

消費は「代謝」という言葉で表現されます。代謝の種類は、大きく分けて3つ。①生きているだけでエネルギーを消費する「基礎代謝」が全体の60〜70％、②身体を動かすことでエネルギーを消費する「生活行動代謝」が20〜30％、③食べることで内臓が活発に働きエネルギーを消費する「食事誘発性熱産生」が10％です（P27）。

大部分を占める代謝①と②の裏で働いているのは、ほぼ筋肉。つまり筋肉を増やすこと、筋肉を使うことで消費エネルギー、ひいては除脂肪のチカラを高めていくことができる。というより、むしろ消費エネルギーを上げるには、それしかないのです。

筋肉とは自分の意思で唯一、脂肪を消費できる器官。筋肉に課せられた役割は、ただ身体を動かすだけではありません。脂肪を消費するという重大な仕事を任されているのです。

ここで見えてくる消費エネルギーの調整法は、**腹まわりだけでなくもっと全身に視野を広げて筋肉を鍛えること。**筋肉量を増やし、脂肪の消費量を上げていくのです。ただし、筋肉は1日にしてならず。増やそうと思っても、明日すぐに増えてくれるわけではありません。もうひとつ調整法が見えてきました。**今ある筋肉を使って、身体を動かしエネルギーを消費する**のです。

利便性を追求し続ける現代社会では、身体を動かさなくても生活ができるようになってきました。エネルギー消費の機会は減れど、エネルギー摂取は以前と変わらず続けている、いや、むしろ豊かになっている。普通に生活をするだけで太るサイクルに陥っているわけです。

こんなにも恐ろしいことはありませんね……と嘆いてばかりはいられません。今すぐに、この悪循環から抜け出す必要があります。待っていても、チャンスはやってきません。自らの意思で身体を動かし、筋肉を使って脂肪を消費させ、現代病に立ち向かう。これは、今を生きる我々の宿命なのです。

【リバウンド予防学③】
摂取と消費のエネルギー調整法　その2

摂取には「食べ物を消化し、栄養素を吸収する」という段階があります。消化とは大きな分子が低分子化していく過程を指し、吸収とは体内に入り血液の流れに乗ることを指します。食べ物は咀嚼され、唾液と混ざり合うところが消化の始まりです。口内で消化されるものもあれば、胃で消化されるものもあれば、十二指腸で消化されるものもあります。その過程を経て、たどりついた小腸ではじめて吸収されるのです。

吸収されたあとは血流に乗って全身にデリバリーされますが、届け先が筋肉であれば、身体を動かすエネルギーとして消費される。内臓であれば、身体の機能性向上に使われます。しかし届け先が体脂肪になると体脂肪として蓄積されてしまう。解消するには、**デリバリー先を体脂肪から筋肉にシフトする**こと。そのためには、筋肉を動かすことで、血流に乗っている栄養素を筋肉がキャッチする状態を作ることが重要。それにはやはり身体を動かすことが必要です。**運動は、**

消費にも摂取にも使える調整法というわけですね。

もうひとつ目を向けたいのは、**摂取と消化の第一歩である咀嚼**です。よく噛むと満腹感を味わえて摂取量を制限しやすくなるという話を耳にしますが、それだけではなさそうです。

咀嚼をするのは、口より先に固形物を送り込むためにサイズダウンするためだけではありません。小さく砕くことで表面積を増やし、唾液や胃腸のなかにある消化酵素と混ざり合いやすくして、消化酵素の効果を最大化するためでもあるのです。

咀嚼を繰り返すことで口内が受ける刺激は神経に作用し、摂食亢進ホルモン「グレリン」が減少、摂食抑制ホルモン「GLP－1」「PYY」「コレシストキニン」が増大するとも言われています。**よく噛むことで、自分自身の食事量を調整できるようになる**、と言えますね。

また、たくさん咀嚼するよう留意したグループと留意しないグループとに分けて実験をした結果、たくさん咀嚼することに留意したグループのほうが食後の食事誘発性熱産生が高まったというデータも出ています。ようは、同じ物を食べても太りにくいのです。

私の予測では、おそらく「噛む」という刺激が、身体にとって「エネルギーが入ってきている」という情報に近いのではないでしょう。だから、体は熱を出して、さまざまな生理機能を活性化しようとする。やはり、よく噛んだほうが痩せやすくなるという方程式が成り立ちそうです。

調整法が、見えてきました。**食べるときには、とにかくよく噛む**。早食い禁止！　です。

【リバウンド予防学④】
腹筋から全身に視野を広げるべき理由

筋肉を鍛えることでエネルギー消費量を増やすことができますが、腹部の筋肉量は決して大きくはありません。ゆえに腹ばかりを熱心に鍛えていても、エネルギー消費量を増やすという点では非常に不利。**大きな筋肉を成長させたほうが、効率がいい**のです。

ボディメイクの観点からいっても腹ばかりに意識を向け続けるのは、全身を見たときにアンバランスすぎます。この際、ほかのパーツのトレーニングにも着手して、バランスのとれた本当の意味でのいいカラダを目指していきましょう。そうすることで、**自然とエネルギー消費量が増え、いわゆる「痩せやすいカラダ」を実現できる**のです。

ここから追加で狙っていくのは、姿勢保持や慢性痛の改善に効果的な「尻」と「背中」、腹筋の延長線上にありいいカラダ感を盛れる「胸」、身体のアウトラインを変える「肩」の４ヶ所。

大人のボディメイクは「賢く」やりましょう。

尻・背中・胸・肩のトレーニングをプラスしよう！

消費エネルギー量を増やすには、腹筋よりも大きな筋肉を鍛える必要がある

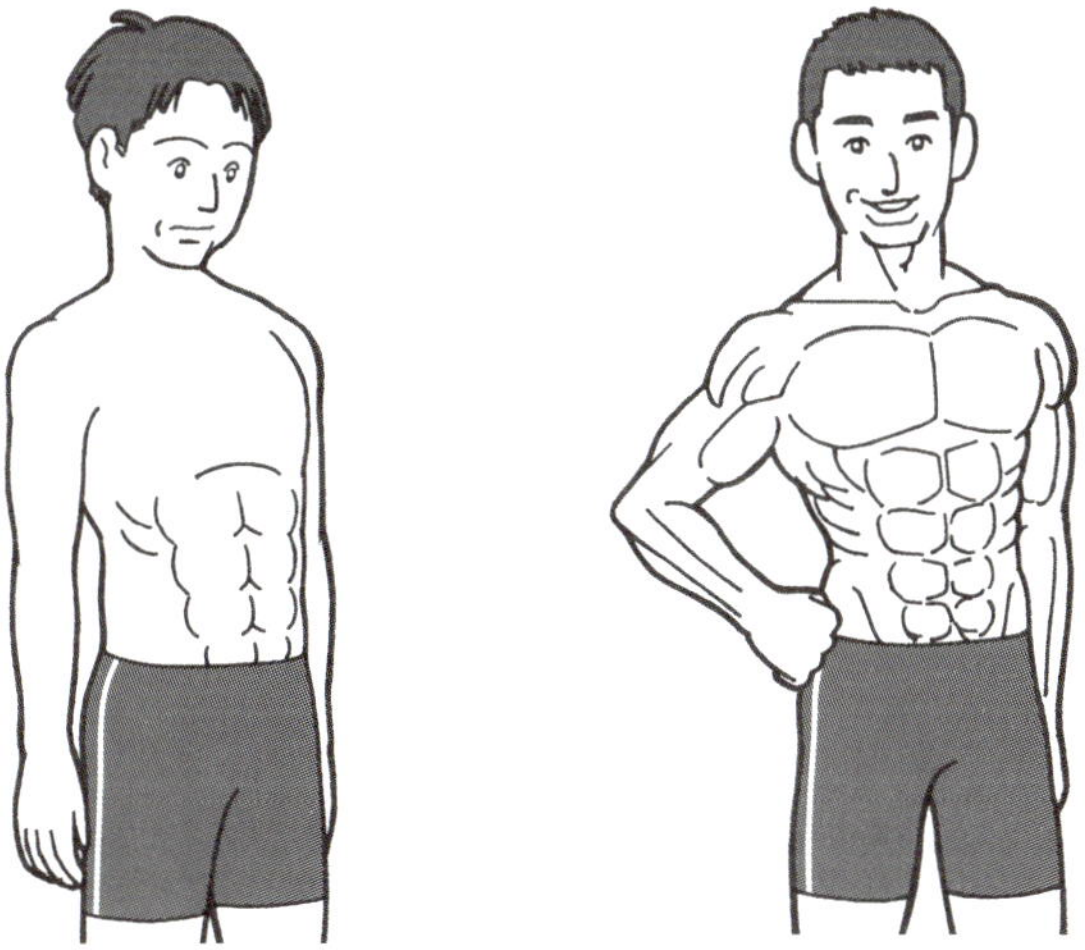

腹が割れている「だけ」では、本当の意味でいいカラダとは言えない

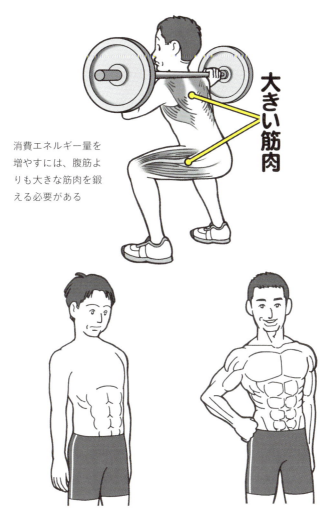

尻（臀筋《でんきん》）を鍛えるべき理由

地球上に存在するあらゆる生き物のなかで、体重比をみていくと人間の臀筋が一番大きいということがわかっています。おそらく、二足歩行の特徴なのでしょう。

臀筋のなかでも最も大きな筋肉は、脚の付け根に位置する大臀筋。主に股関節の動きを担っていますが、立位時の姿勢保持と歩行推進の安定にも使われています。**大臀筋がうまく働かないと姿勢の悪化や歩行動作の崩れを招いてしまう**のです。

腹を割りたいと願うビジネスマンの多くが、デスクワークなどの座り姿勢が中心。移動手段も選択肢が豊富で、歩く習慣もなくなってきています。すると臀筋が正しく働かなくなり、その下で歩行動作をサポートする膝に負担がかかるようになります。

40～50代は、膝に痛みを感じ始める人が増え始める世代ですが、**膝痛の原因は、患部である膝ではなく尻。膝痛よりも多く見られる腰痛も、実はすぐ下にある臀筋の衰えが関係**しています。すでに痛みを感じている人はもちろん、まだ感じていない人も今のうちに臀筋を意識し、正しく使えるように鍛えることをオススメします。40代で痛みがなかった人も50代から徐々に痛み出し、60代で変形性膝関節症（膝の摩耗）と診断されるパターンは、あるあるです。

診断されてから鍛え始めると痛みに負け、思うような刺激を入れられなくなります。今のうちに臀筋を鍛え、働きを衰えさせない良い動きを覚えていくこと。これ以上の戦略はありません。もちろん臀筋は「大きな筋肉」ですから、発達させることで消費エネルギーを増やすことにも繋がりますね。

鍛えられた尻はグッと上を向くようになります。ピークが高くなると、**実際よりも脚が長く見える効果がある**のです。昨今、女性の間で尻トレがブームとなっていますが、男性にも積極的に取り入れていただきたいです。今回ピックアップする4つのパーツには入っていませんが、尻から続く脚も鍛えていけると、力強くセクシーなスーツ姿になり、なおいいですね。

背中を鍛えるべき理由

背中の筋肉（僧帽筋、広背筋、脊柱起立筋、菱形筋）はなんといっても、美しい姿勢を作る要。**どんなに体脂肪が落ちて腹が割れたとしても、姿勢が悪ければ印象は悪く、カッコよさは大幅減。**せっかくの努力が、台無しです。

ボディメイクを始めるとき、知識や経験が浅いと、どうしても人の目につきやすい前側の部分（胸や腹）を優先的に鍛えてしまいます。その気持ちはわからなくもないですが、胸も腹も、どちらも身体を前方へと引っ張る力をもった筋肉のため、そのまま鍛え続けると猫背に近づいてしまうのです。

反対に、背中は身体を後方へと反らせる力をもっています。純粋に姿勢を正すこともできますし、猫背をニュートラルに近づけることで、鍛えた胸や腹の筋肉の張り感もさらにアピールできるようになります。背中と肩はつながっているので、肩こり解消にも有効。見た目、そして機能性の改善に向けて背筋を鍛えておくことは、とても大切だと言えます。

余談ではありますが、仕事仲間と酒を飲んでいると話の盛り上がり具合によっては、背中に手をあてたり、肩を組んだりすることがあると思います。このときの手の感触で、その人がどれだけ鍛え上げているか、どのような日々を送ってきたかが、いい意味でも、悪い意味でも瞬時にわかります。「あ、なるほどな」「やっぱり、残念……」と。

背中の厚みや広がり、凹凸感は情熱を傾けながらも冷静に計画を立て、緻密に鍛え上げなければ出てこないもの。ここから、その人自身の戦闘能力や人間力（ビジネススキルや生きる姿勢）を推し量ることができるのです。

なお、これは私に限った特殊能力ということではなく、トレーニング上級者全員が備え持つ能力です（おそらく）。

胸を鍛えるべき理由

突然ですが、仮面ライダーの身体を思い出してしてください。大きな胸が、頭に浮かびませんか？　胸のパーツが発達していると、実は腹筋よりも強く相手の印象に残るのです。むしろ胸に存在感があれば、腹に多少の脂肪が乗っかっていたとしても気になりません。プロレスラーがよい例です。それだけ視線を集める力があるのでしょう。鍛えた成果の象徴として、受け取られる部位とも言えますね。

胸の主な筋肉は、大胸筋です。大胸筋と腹

直筋は解剖学的にはまったくの別物なのですが、ボディメイクの視点では、2つの筋肉を1つのユニットのように捉えて鍛えていきます。

理想は、シックスパックの「パック」のサイズが下腹部から上に向かって少しずつ大きくなり、一番大きなパックとして大胸筋が君臨する形です。なので、シックスパックを手に入れたのに胸を放置するのは非常にもったいないですし、見た目にもカッコ悪くなります。「結局はあれもこれも鍛えなければいけないのかよ！」と嘆かず、腹筋の延長として気楽な感じで取り組みを始めましょう。

なお、先ほど1つのユニットと考える、としましたが実際には別々の筋肉のため、トレーニングをやりこむと胸と腹との境界線に「カット」と呼ばれる溝が浮かび上がってきます。この溝がまた、いいカラダ感を押し上げてくれるのですね。

photo Ⓒ Max-Men TOKYO

肩を鍛えるべき理由

もうひとつ見栄えをよくするために鍛えていきたいのが、肩。「いいカラダ」というぼんやりしたイメージを言葉に落とし込むとき、しばしば「逆三角形」というフレーズが登場します。これは上半身における肩幅からウエストにかけてのコントラストに着目しています。

情報が溢れる世の中において、本質こそが見抜かれ、評価されていく時代です。ボディメイクの世界でも、見せかけのカッコよさは淘汰されていくでしょう。広い肩幅を演出するのは、ジャケットに仕込んだ肩パットではありません。**目指すは、自前の肩パット。「脱いだらスゴい」から「脱がなくても、もうスゴい」の称号を手に入れましょう。**

ビジネスマンの戦闘服であるスーツは、身体が作られている人が着ると段違いにカッコよくなるのがポイントです。人は見た目が１００％……ではないけれど、対人関係において見た目が与える印象が大きいということは、皆さん自身よく理解していることと思います。

スーツの着こなし、仕事のパフォーマンスまでアップする

ボディメイクは成功体験の連続。努力の結果が目に見えてわかるから、自己肯定感も高まるし、「カッコよくなった」「たくましくなった」と周囲に認められる機会も増えて、自分に自信がついてきます。戦略をもって取り組む癖がつくことで、何事にも計画性をもって取り組むスキルが身につきます。これは、仕事のパフォーマンスアップにも直結します。

パーツ別ビルドアップ。

#1 尻

バズーカ・サークル

可動域を生かしながら臀筋群の筋繊維をもれなく刺激。
仕事を忘れかけた臀筋を呼び覚ます

左右それぞれ往復 15 回

イスなど、立位で体重を預けられるものを準備。背もたれに手をつき、身体を少し離したところに立つ。片脚を斜め後ろに伸ばし、大きな半円を描くようにゆっくり脚を根元（股関節）から 180°まわし、同じ軌道で元に戻る。繰り返したら脚を入れ替え、反対側も同様に。

パーツ別ビルドアップ

#2 尻

バズーカ・クロスランジ

目覚めた臀筋に自体重をかけて、進化させる

左右それぞれ 10 〜 15 回

真っすぐ立って準備。手は腰に当て、背筋を伸ばしたまま上体を前傾。同時に、片脚を根元から動かし、斜め後ろに引く。もう片方の脚とクロスさせて、腰を落とす。

NG

腰を落としたときの重心は前足のかかと。つま先が浮くくらい、しっかり乗せていきましょう。重心が変わると、もも前や膝まわりに負荷がかかるため、尻の進化に繋がりません。

パーツ別ビルドアップ

#1 背中

バズーカ・ロウ&エクステンション

**引く動作で背中に厚みを出す僧帽筋や菱形筋と、
起こす動作で姿勢保持する脊柱起立筋を呼び覚ます**

注意！

ペットボトルのかたちによっては持ちにくさを感じたり、手首や肘に負担がかかる場合があります。気になる場合は無理をせず、ほかのものに持ち替えてください。

10～15回

2ℓペットボトルを準備。両手に持ち、立位から背筋を伸ばしたまま、尻を後ろにひいて前傾。両手は前に垂らす。胸を張り、肩甲骨を中心に寄せるように肩から腕を引く。そのまま上体を起こす。同じ軌道で元に戻り、繰り返す。

パーツ別ビルドアップ

#2 背中

バズーカ・プル＆サイドベント

引いて側屈する動作で、背中に広がりを出す広背筋を呼び覚ます

10～15回

フェイスタオルを準備。タオルの端と端を両手でつかんで、ピンとはっておく。肘を伸ばしてタオルを頭上に持ち上げてから、肩甲骨を中心に寄せるように肘を曲げ下ろし、タオルを顎下まで引きつけたら、側屈。上体を戻したら、反対側に側屈。

BAZOOKA CHECK ›››

側屈するとき、ただ倒すだけでは効きません。背筋は伸ばしたまま、肩ごと下げて、肘をできる限り骨盤に近づけるイメージで行いましょう。

パーツ別ビルドアップ

#1 胸

バズーカ・サークル

可動域を生かして胸筋をもれなく刺激。
収縮と伸展を繰り返し、目覚めさせる

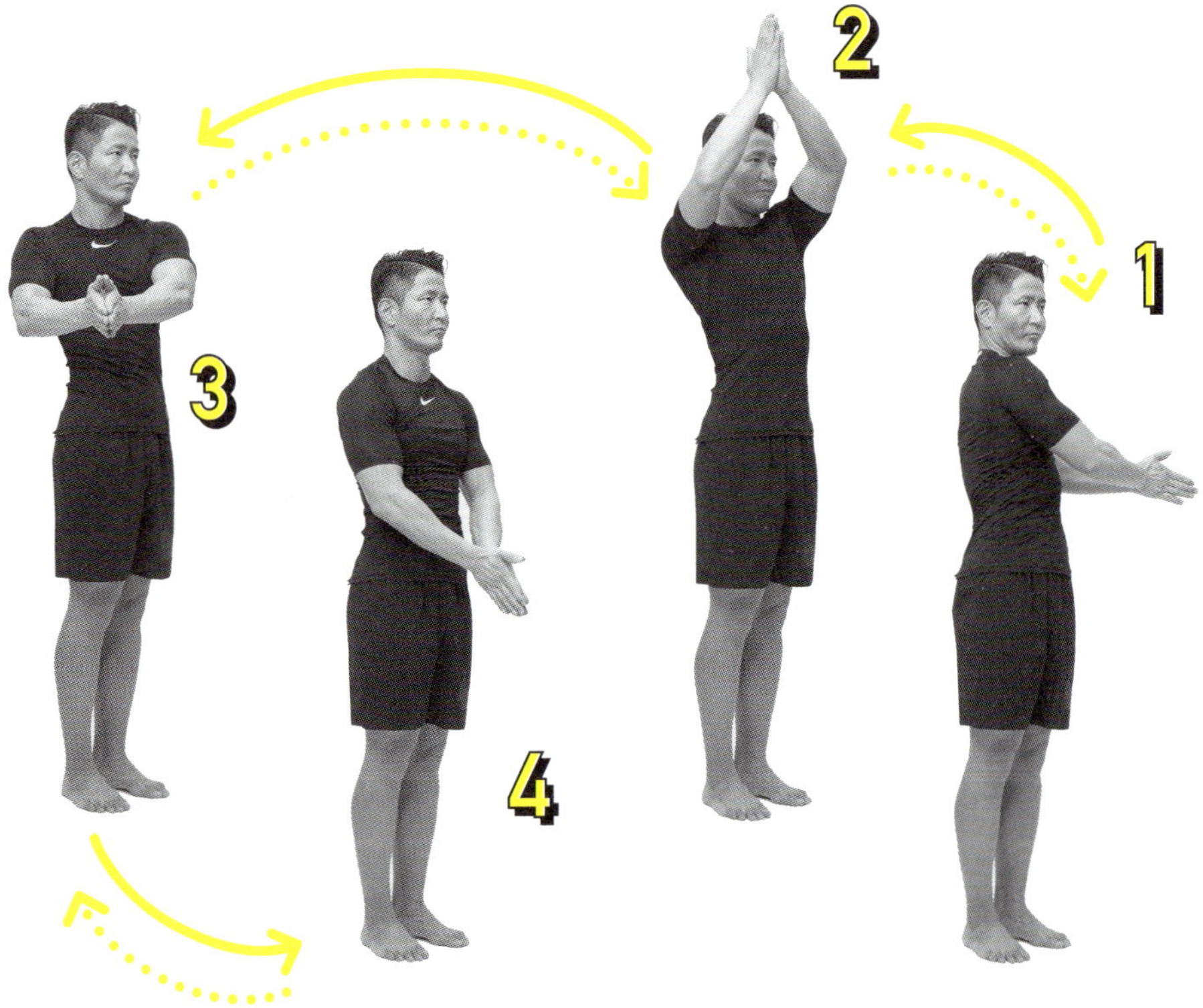

10～15回

両手を合わせて準備。両手を押し合い、胸の筋肉に刺激が入っているのを確認しながら力が抜けない範囲で、できる限り大きな円を時計回りで描き、反対回りで戻る。

パーツ別ビルドアップ

#2 胸

バズーカ・ワンハンドプッシュ

変形の腕立て伏せで目を覚ました胸筋を、左右それぞれ進化へと導く

左右ともに 10 ～ 15 回

横寝で準備。下になった腕と、クロスさせた脚とで身体を安定させる。床に着いた肘より上に反対側の手をつく。床を押し込みながら肘を伸ばし、上体を持ち上げる。姿勢が少し前のめりになるくらいしっかり起き上がって、胸筋に重さを乗せて大胸筋をギューッと絞り込んでいく。

パーツ別ビルドアップ

#1 肩

バズーカ・アームサークル

可動域を生かしながら肩まわりの筋肉をもれなく刺激し、意識を取り戻す

30回

背筋を伸ばした前傾姿勢で準備。両手は軽く握り、耳のあたりでバンザイ。腕を肩からぐるぐる回して、拳で円を描くように動かす。15回回したら、反対に15回。

パーツ別ビルドアップ

#2 肩

バズーカ・サイドレイズ

目覚めた肩に少しの負荷をかけ、アウトラインの要を進化させる

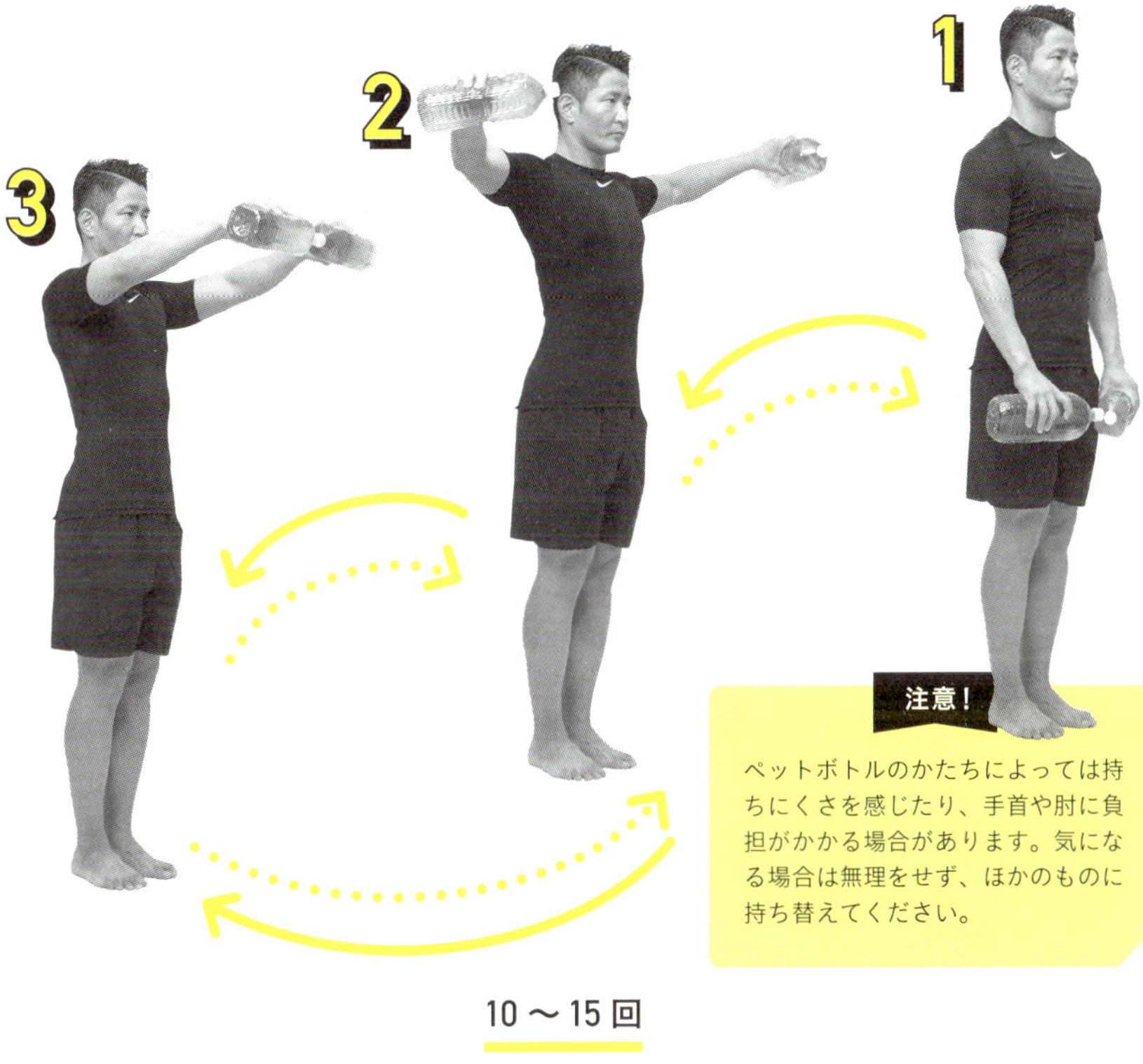

注意！

ペットボトルのかたちによっては持ちにくさを感じたり、手首や肘に負担がかかる場合があります。気になる場合は無理をせず、ほかのものに持ち替えてください。

10～15回

2ℓペットボトルを準備する。両手に持ち、肘を軽く曲げて肩の高さまで持ち上げる。そのまま両手を中央に寄せてから、前方に下ろす。続けて前方に腕を上げ③に戻り、②→①と戻る。

【リバウンド予防学⑤】
ウォーキングのススメ

脂肪を効果的に削る運動といえば、有酸素運動。その代表格であり、今すぐにでも生活に取り入れることができるのは、ウォーキングでしょう。効果的とはいえ、実際に脂肪がオフされるまでにはある程度の時間を有するため、例えば超短期間で腹を割るといった、急ぎの目的達成を狙う場合はオススメしません（時間と忍耐力があれば別ですが）。

本書の目的は、いいカラダを目指しながら健康体を取り戻すことであり、そのなかでもリバウンドを防ぐという観点から、継続性という部分に重きを置きます。ゆえに今回は、負荷が少なく、疲労もたまりにくいウォーキングを積極的にオススメしたいと思っています。

そうは言っても、わざわざ「目的もなく」「ただ歩く」ためだけの時間を確保するほど暇じゃないよ、というのが本心ではないでしょうか。安心してください。そこまで本腰のウォークをする必要はありません。**ウォーキングも「ながら」でいい**のです。

平日、仕事の合間の運動例は既に紹介しているので、休みの日の場合。まず、ちょっとした買い出しに出るときは、車ではなく徒歩を選びましょう。**大きく広い商業施設をアチコチ見て回ることも立派なウォーキング**となります。それから、小さなお子様がいる場合は公園などで思いっきり遊ぶこと。追いかけっこやボールの奪い合い、なわとび、アスレチック……などなど、子どもとの遊び時間は、かなり有意義な運動時間に変換できます。「ウォーキング」と言えど、要は足腰を動かして全身運動していればいいのです。

有酸素運動で脂肪が燃え始めるのは開始20分過ぎから、と聞いたことがありませんか。間違いではありませんが、言葉を鵜呑みにするのは違います。

開始から20分を境に、体内でどのような変化が起きているのかといえば、身体を動かすエネルギーとして消費される成分の比率が「糖質>脂質」から「糖質<脂質」に変わるだけのこと。**量はわずかであっても、脂肪（脂質）は運動開始直後から消費している**のです。

歩き方や歩くスピードなどはお好みで。どのような方法を取っても、身体の使われ方が違うということは、筋肉には異なる刺激が入るということ。その辺りはポジティブに捉えてください。同じ調子で歩くだけではつまらない、と感じるのであれば脚の運びやペースを変えていくと継続性が高まるかもしれません。腰を切るようにしてみたり、ウエストをひねるようにしてみたり、大股にしたり、遅くしたり……バリエーションをつけて、楽しみましょう。

【リバウンド予防学⑥】

ウォーキングの脂肪消費を高めるには

先ほど触れた「開始20分」の話を、基礎知識を整理しながら、少し深めていきましょう。そもそも、運動によって消費されるエネルギーの正体は糖質と脂質です。しかし糖質のほうが、脂質よりも早いタイミングで、使われ始めます。

理由はふたつ。ひとつは、糖質は筋肉のなかに備わっているため、必要になったタイミングですぐに取り出すことができるから。そして、もうひとつは脂質を消費するには、前段階として分解のステップを踏む必要があるからです。皆さんがシックスパックを目指す前に、アイドルワークが必要だったのと同じことですね。

動き始めは、優先的に糖質を消費する。脂質が消費され始めるのには時間がかかる。

ならば、**ウォーキングの前に、糖質を必要とする腹筋や各パーツなどの「筋トレ」を20分間行**

えば、開始直後から優先的に体脂肪を消費していくことが可能となりますね。

筋トレを先に行うことでホルモン分泌が活性化されます。そのなかには脂肪燃焼に関わるものも含まれるため、ウォーキングによる体脂肪除去効果をさらに高めることが可能となります。

小ネタ的な話にはなりますが、筋トレのさらに前にブラックコーヒーを飲むと、身体が興奮状態に近づき、エネルギー消費が高まり、体脂肪除去に効果的であると言われています。

なお、有酸素運動というくくりで考えたときに「水泳」をチョイスしようとする人がいます。たしかに、水泳には筋トレ効果もありますし、全身まんべんなく使うためエネルギー消費が高い運動です。しかし、ここで水泳を選ぼうとする人は、部活動や競技など、過去それなりの水泳経験がある人が多いように思われます。

経験値が高く熟練したスキルをもっていると、ラクに泳げてしまいます。ラクに泳げる、ということは動作による身体への負担が少ないということ。つまり、あまりエネルギーを消費していないということになります。

水泳が好きで、泳ぐことでリフレッシュするという目的であればいいのですが、それで脂肪を落とそうという思惑があるようならば、再考の余地ありと覚えておいてください。

【リバウンド予防学⑦】
日常のなかにもコツはある

筋トレやウォーキングは「ながら」とはいえ、身体を絞るための特別に用意する時間です。しかし、それ以外の日常生活のなかにも、まだまだリバウンドを予防するコツはあるのです。

睡眠の質を見直す

体脂肪を溜め込む前段階に「むくみ」があるとお伝えしました。睡眠とむくみは密接に関係しています。実体験として徹夜で顔がパンパンになったという人も多いのではないでしょうか。

人は、睡眠時に汗をかきます。大人であれば通常、平均的にコップ1杯分くらいと言われていますが、理由のひとつは入眠に向けて体温を下げるため。そして眠っているときも、絶え間なく血は巡り、尿が作られます。そのため、目覚めたときには尿意があるはずです。ぐっすりと眠れた日の朝に、身体が軽く感じるのは余分な水分がきちんと抜けたおかげもあるのです。

身体づくりの３原則は「運動」「栄養」そして「休養」！

仕事上のストレスなどを理由に、体温調整ほか生命維持に関わる重要な役割を多く担う自律神経に乱れが生じると、水分排出にも滞りが生じるようになります。

ストレスの要因を排除できればそれ以上のことはありませんが、それはなかなか難しい。ならばせめて、周辺環境をコントロールして睡眠の質をあげていきましょう。

睡眠にかける時間は人それぞれ異なりますが、平均して6〜8時間。1日のうちの約3分の1もの時間を、私たちは毎日割いています。それだけ生命維持に欠かせない時間、ということなのですが、そう考えるとなおさら有意義に過ごしたくなりませんか。

枕の高さや照度や温度の設定、寝間着や寝具の見直しなど、自分が心地よくいられる空間を作ることを心がけましょう。リバウンドを防ぐために限らず、健康的な身体づくりに欠かせません。

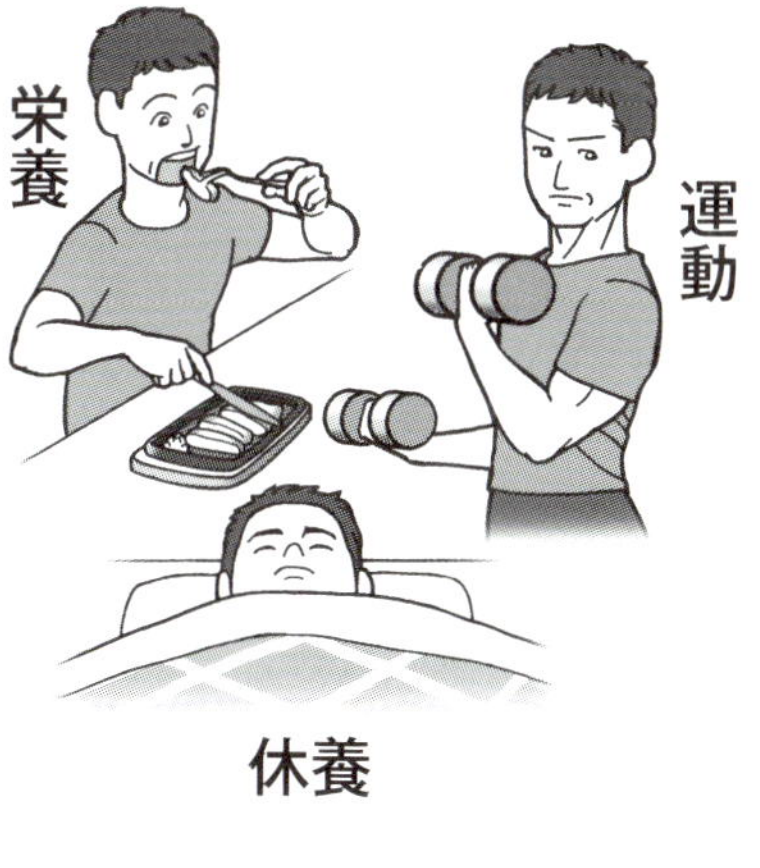

無計画な栄養補給は、しない

例えば、朝7時に朝食を摂ったとします。食事をすると血糖値は上昇し、12時に予定している昼食までの間に、今度はジワジワ下がってきます。

血糖値が下がるタイミングで、人は空腹を感じるもの。しかし、朝食で摂取したエネルギーはまだ使い切っていません。ここで無計画な間食をしてしまうと、摂取エネルギーが過剰になり体脂肪として蓄積されてしまうのです。

間食が悪いわけではありません。ここで感じた空腹を放置すると、昼食における食欲が暴走しドカ食いしかねません。**悪いのは「無計画な」間食**であり、それはつまり糖質や脂質を無駄にとるという意味です。間食するなら、タンパク質。肝に命じておきましょう（P25～26）。

甘味が欲しくなったときは、野菜や果物から摂りましょう。参考までに、私は朝食の炭水化物としてGIが低めのグレープフルーツやサツマイモを食べたり、急ぎの昼食には低脂質かつ高タンパク質のヨーグルトに高GIのパイナップルを混ぜて食べたりしています。

単純に「空腹」「満腹」という状態に左右されるのではなく、GIを使った血糖値のコントロールに意識が及ぶようになると食欲の調整がしやすくなり、体重管理もしやすくなっていきますよ。

血糖値の波をできる限り穏やかにした者が勝つ！

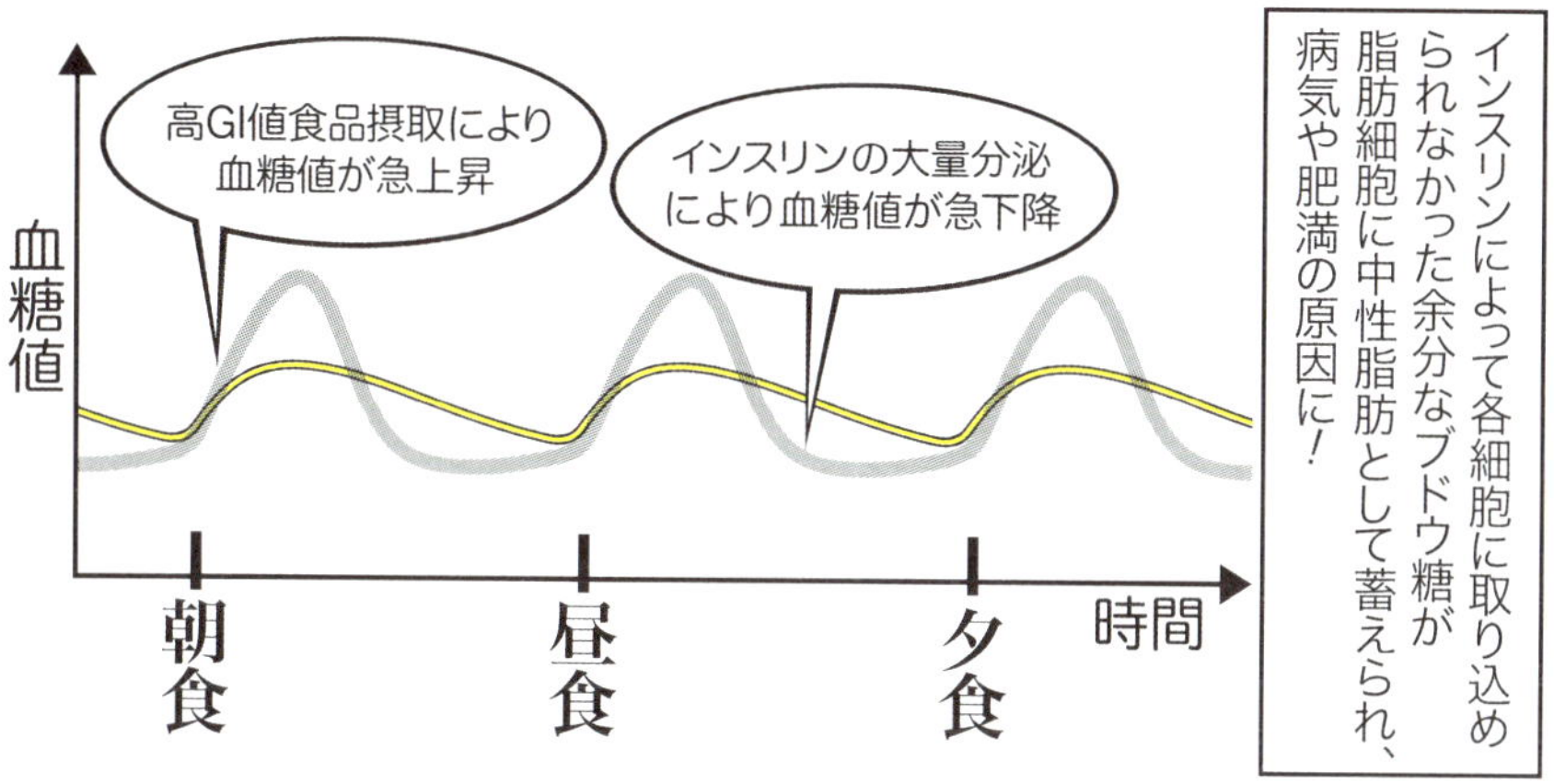

BAZOOKA CHECK ››› **食欲を抑えるコツ**

上のグラフでは「低GI食品を選ぶことで血糖値の波を抑える＝食欲を抑える」ことを示していますが、波を抑えるためには、文中にもあるように「間食」を利用する方法もあります。「1日5食で痩せる」と言われているのが、まさにそう。ただ言葉をそのまま受け取って「5食」していては摂取エネルギー量が過剰になり、太る一方。正しい解釈は「3食を5回に分けて摂る」なので、注意してください。

腹割コラム

3

サプリメントの活用

1杯のプロテインが、想いを繋ぐ

栄養補給は食事から、というのがボディメイクの基本です。本書で提案するメソッドを実行するに当たっても、サプリメントはマストではありません。

ただ、40代以降の働く男性で毎食きちんと栄養が行き届いた食事ができるのかというと、正直なところ疑問が残ります。特に、外食では野菜の摂取が難しい上に、飲酒の機会が多いので、代謝に使われるビタミンが慢性的に不足している可能性もあります。思い当たる節があるようならば、ビタミン剤を摂るのはいいかもしれません。

サプリメントの定番、プロテインは「もしも対策」にオススメです。プロテインシェーカーにパウダーを入れてカバンに忍ばせておけば、昼食に時間が割けなかったときやどうしても間食が必要になったとき、それから飲んだ翌日のリセット時にも慌てることなく、タンパク質を補給できます。

たった1杯のプロテインが、今日の身体の成長を支え、いいカラダになりたいという想いを明日へと繋いでいくのです。

私自身、バッグに忍ばせていた1杯のプロテインに何度救われたかわかりません。毎日毎日、来る日も来る日も、このプロテインの“バトン”が受け継がれ、今日のこのバルク（筋量）に至ることができたのです。合掌。

何かしらの運動をルーチン化

日本最古のボディビルダー・若木竹丸さんという方のエピソードをご紹介します。常に、誰かが自分よりも強くなろうとしていることを意識していたそうで、それを原動力にして、よく夜中に飛び起きては、トレーニングに励んでいました。

1分1秒を大切に、普段の生活においても常に筋肉を成長させ続けるために何ができるかを考えた結果、自室の布団の上にベンチプレス用のバーベルを置いたそうです。プレートを付けることで生まれる隙間で寝る。そう、ベンチプレスをやらなければトイレにすら行けないシステムを構築したのです。

生活においてはどちらかというとネガティブなトイレという時間を、スーパーポジティブに変換してみせた日本ボディビル界の逸話です。

さすがにバーベルの下に寝ろ、とは言いませんが**生活のなかに何かしらの運動をルーチン化して取り入れるというのは使える手**だと思います。背伸びをするときは意識的に時間をかける（アイソメトリック・トレーニング）、くしゃみをした後は腹筋を思い切り収縮させる、イスから立ち上がるときはゆっくり動作で尻に効かせる（スロートレーニング）、ビールを飲むならジョッキを負荷にして腕に効かせる（ハンマーカール）など、なんだっていいと思います。

ロコモと戦え、ミドルエイジ！

普段、皆さんがどれだけ高齢者の方と触れ合う機会があるかはわかりませんが、ロコモティブシンドローム（運動器症候群）は現在、かなり重要な問題となってきています。

筋肉、骨、関節、軟骨、椎間板といった運動器のいずれか、あるいは複数に障害が起こり「立つ」や「歩く」といった人間としての基本的な機能すら、低下してしまう状態のこと。症状が進むと、日常生活に支障をきたす＝動けなくなってしまうのです。

人間の尊厳は、自分自身の意思と力で動けてこそ保たれるものです。

本来、**身体は命尽きるまで機能できるように作られています**。世界に目を向けると、100歳になってもスポーツや筋トレをしている人も（稀ですが）います。それなのに、**加齢だけが原因で動けなくなってしまうというのは、完全なる自己責任。メンテナンス不足**です。

ある程度の衰えは仕方がないとしても、事前に防げるものはたくさんある。そのことに、できる限り早い段階で気づいてほしい。そして、気づけたのなら行動に移してほしいと切に願います。

なぜ、私がそこまで強い想いを抱いているのかというと……かつて、整形外科の現場に身をおいたことがあり、メンテナンス不足、トレーニング不足によってロコモになった患者さん、そしてロコモが原因で転倒し大けがを負った患者さんのつらい現場をこの目で見てきたからです。

自己責任と言い切れない事情もあります。バリアフリーを取り入れた結果、高齢者の体力低下が進んだという意見もあれば、安全性を重視して子どもの遊び場を整備した結果、同じく体力の低下が進んだばかりか、身体の使い方すら危うい子どもも増えたという意見もあります。

私たちの身体は、動かすためにあります。だから動かさないと、痛みなどの不具合が生じるのです。痛みが出始めると、動くのは途端に嫌になります。すると、ますます症状は悪化。**転がり始めた坂は、思う以上に急傾斜**です。

本書を手にした皆さんですから、気持ちのスイッチは入っているはずです。思い出してください。いいカラダは健康体にこそ宿るのです。まだ少々の無理が利く、今が絶好のチャンスです。

さあ、動きましょう。自らの意思で、身体を動かしましょう。

トレーナーとは、ボディメイクにおける「正しい努力」のナビゲーター。基本的には有資格者なので、安全性の確保と専門的な知識と経験は確証済みです。資格がない場合でも、ボディメイクの大会などを通して実践経験が豊富な方もいます。

日本では「専門家にトレーニングを習う」ことに対して、まだ馴染みが浅いようにも思います。その為か、ジムを利用するたび、間違った努力を重ねている人たちを見かけては「もったいないな」と思う頻度の高さといったらありません。

間違った努力は、時間と体力の浪費以外の何物でもありません。

ボディメイク初心者のうちは「習うより慣れろ」ではなく「習いながら慣れろ」の意識で取り組むことです。

正しい努力を積み重ね、最速で理想の身体を創り上げ、かけがえのない時間、気力、体力をそのほかの大切な事にまわしましょう。人生で差がつくのは、こんな小さな事の積み重ねでしかありませんからね。

なお、トレーナー選びを“外さない”ポイントは以下の3つです。

❶資格保有者かどうか
❷理論を噛み砕いて解説できるかどうか
❸自分の身体で実践しているかどうか

ジム入会、ボディメイクの開始という人生の門出を、私も心から応援しています。

腹割コラム
4

40代からのボディメイク

今こそ、ジムへ！

この本をキッカケに、ボディメイクに目覚めトレーニングジムへの入会を検討し始めている方も、いらっしゃることでしょう。ぜひとも、いまこの瞬間の胸の高鳴りを大切にして、新たな一歩を踏み出してみてください。

ボディメイクは、語学習得のプロセスと非常に似ています。どのような方法を選択したとしても、結局は「継続」こそがモノをいう世界だからです。

努力を積み重ねることさえできれば、身体は変わる。しかし、前提として「努力」には「正しい努力」と「間違った努力」があることを認識しておくことも必要です。

ジムに行くと、おそらくこれまで見たこともないようなマシンやトレーニング器具が、山ほど置いてあることでしょう。それらを見よう見まねで使い続けることは、英語を話せるようになろうと英会話教室に入会したものの、わざわざ英語ができる先生がいない時に行って、教科書を相手に独学に励むようなもの。つまりは「間違った努力」です。

人生のキャリアを重ねてくると「わからない」を認めることに、いささか抵抗を感じやすくなりますが「聞かぬは一生の恥」とは、まさにこのこと。誰かに尋ねるが吉、なのですが「店舗スタッフ」は、トレーニング経験が少ない社員であったりアルバイトであったりします。ゆえに、求めるレベルの解答が得られないことも、しばしばあります。

だからこそ、オススメをしたいのがプロの「トレーナー」への依頼です。

あとがき

毎日を丁寧に。本質的にはそれだけで、いい。

身体を変える。簡単なことではありません。

世の中にはさまざまなメソッドが溢れています。人それぞれに体質によって合う・合わないがありますから、どれを選んでもいいと思います。ただし、何をするにしても続けなければ、意味がありません。

そのなかで皆さんは、本書を身体改善のお供に選んでくださった。遅くなりましたが、改めて御礼を申し上げます。おそらく「晩酌をしながら」という状況設定に強い興味をもっていただいたのだと思いますが、これも結局は継続性を望んでのことなのです。

ボディメイクというと、とにかくストイックに切り詰めたり追い込んだり、何か特別なことをすること、と思われがちです。もちろん、精神的にも肉体的にも追い込むことで初めて作られる身体や、見えてくる新しい世界があるのも事実です。

しかし、一冊を通しておわかりいただけたように、実際のところ「特別な何か」なんて存在しません。エクササイズと言っても、筋肉を使って身体を動かすという誰もが日々していることの変形にすぎません。食事を見直すと言っても、その構成要素を工夫するだけ。例えば「コレさえ食べておけば痩せる!」なんてことは、ないのです。

日々の積み重ねの上にしか、いいカラダは成り立ちません。

プラスにもマイナスにも、大きくはみ出すことはなく、その日の調子に合わせて、今の自分にできることからやっていく。毎日を丁寧に生きること。丁寧にできることを増やしていくこと。ボディメイクとは、本質的にはそれだけでいいのです。

基本軸がブレることなく食事と運動のポイントを押さえておけば、晩酌なんてかわいいもの。飲み会を断り続ける必要もないし、酒を飲んでダラけたっていい。それ以外の時間で、コツコツ努力を重ねることができているのですから。

自分で自分の個性を認めよう

丁寧に、といってもその基準は人それぞれです。1人ひとり、性格も違えば生活のサイクルも、日々を過ごす環境も違うのです。誰かに基準を委ねる必要なんて、ありません。

身体を変えたいと思ったのはあなた自身。そのためにしている努力に対して、何もしていない人からどう言われようと、知ったことではありません。

人には人の「ちょうどよさ」がある。自分にとっての「ちょうどよさ」を見つけた人から、いいカラダになっていくだけのことです。しかも、心地よく――。

40代からでも、50代からでも、60代からでも始めるのに遅いということはありません。晩酌しながらでも叶う、自分にちょうどいいやり方で、念願のシックスパックを手に入れてください。

最後までお読みいただき、ありがとうございました。

岡田　隆

終わりの格言

自分にとっての
「ちょうどよさ」を
見つけた人から、
「いいカラダ」に
なっていく。

岡田隆

（おかだ・たかし）

1980年、愛知県出身。日本体育大学准教授。JOC強化スタッフ（柔道）、柔道全日本男子チーム体力強化部門長。日本体育大学大学院体育学科研究科修了。東京大学大学院総合文化研究科博士後期課程単位取得満期退学。

自身もウエイトトレーニングの実践者として2014年にボディビル競技に初挑戦。デビュー戦の東京オープン選手権大会70kg級で優勝。16年には日本社会人選手権大会を制し、日本選手権大会には16年、17年に連続出場している。骨格筋評論家として「バズーカ岡田」の異名でテレビ、雑誌等多くのメディアで活躍中。『2週間で腹を割る！ 4分鬼筋トレ』（アチーブメント出版）『つけたいところに最速で筋肉をつける技術』（サンマーク出版）など著書多数。

https://bazooka-okada.jp

40代からのシックスパック

2018年8月5日　第1刷発行

著者　岡田隆

発行者　土井尚道
発行所　株式会社 飛鳥新社
〒101-0003
東京都千代田区一ツ橋2－4－3　光文恒産ビル
電話　03-3263-7770（営業）　03-3263-7773（編集）
http://www.asukashinsha.co.jp

構成　鈴木彩乃
レシピ監修　音仲紗良
エクササイズ写真　飯野高拓
レシピ写真　臼田洋一郎
カバー・本文写真モデル　金子敏郎
イラスト　丸口洋平

装幀　五味朋代（フレーズ）

印刷・製本　中央精版印刷株式会社

ISBN 978-4-86410-635-1

編集担当　畑北斗